CONTENTS

HOT LINE
ホットライン

この本に関するご質問は、お電話またはWebで

書名/1年中楽しめる　はじめての切り紙
本のコード/NV70188
担当/宇並
Tel:03-5261-5197(平日13:00〜17:00受付)
Webサイト「日本ヴォーグ社の本」
http://book.nihonvogue.co.jp/
※サイト内(お問い合わせ)からお入りください。(終日受付)

【 切《き》り紙《がみ》の基本《きほん》 】

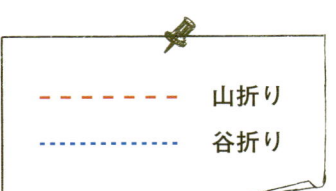

山折り

谷折り

切り紙を楽しむのに必要なのは、たった4つのステップ。
切り紙の作り方の基本&ポイントと、この本の使い方を紹介します。

Step1 折《お》る

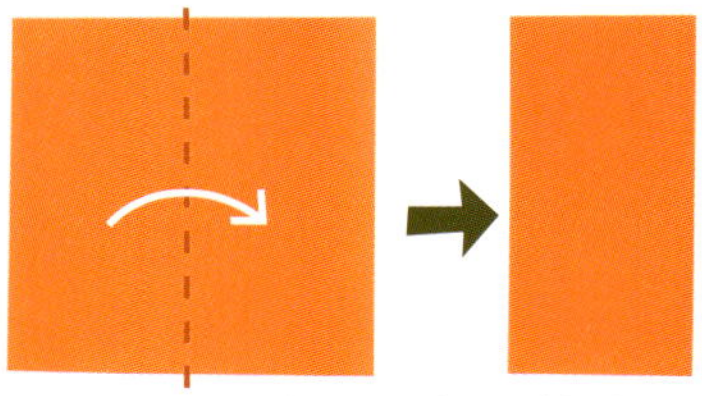

2つ折り 折り紙を半分に折るだけ。この本の折り方の基本形になります。

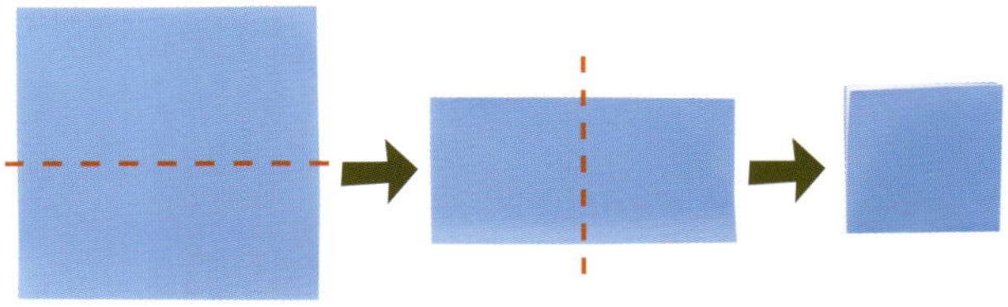

4つ折り 2つ折りをさらに正方形になるよう、半分に折ります。

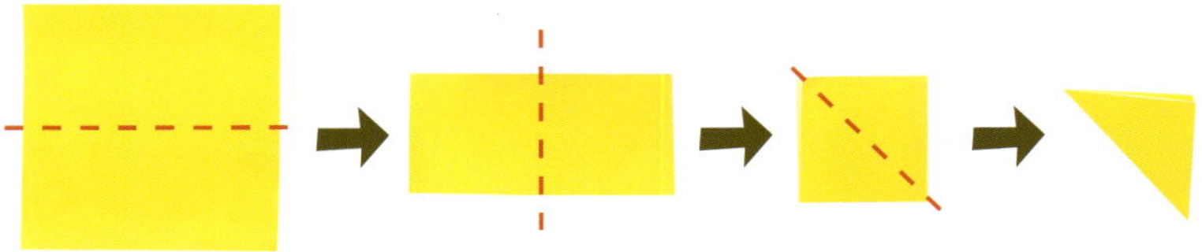

8つ折り 4つ折りをさらに三角形になるよう、半分に折ります。

じゃばら折り 山折りと谷折りを交互に行い、じゃばらにします。
作品の図案にある点線のじゃばらの幅に合わせて、折り幅を決めてください。

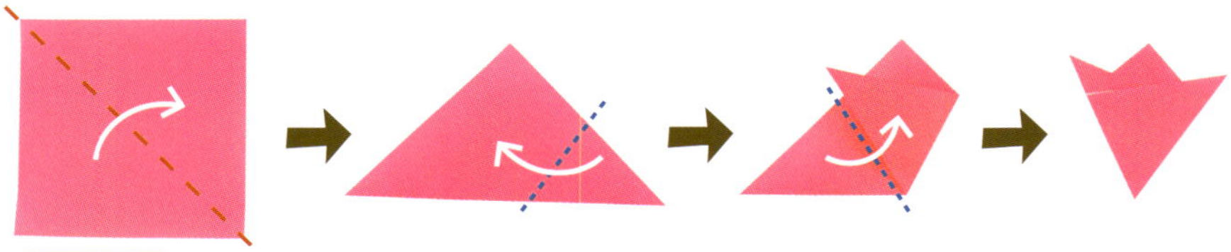

6つ折り 三角に折り、底辺を3等分(60度ずつ)にし、左右の端を中央に向かって折ります。

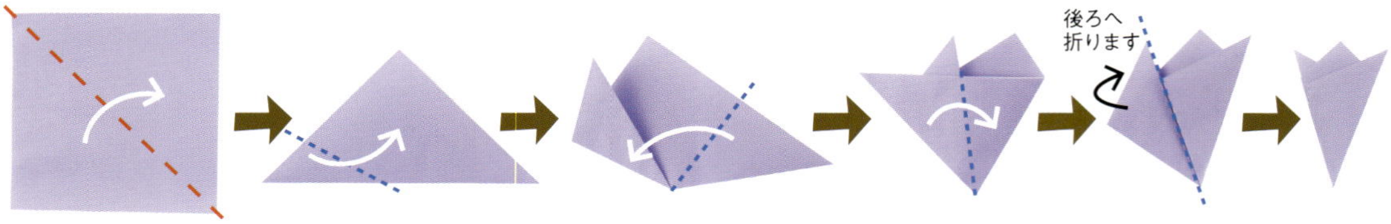

10折り 三角形に折ったあと、中心から左端の1／5(36度)を内側に折り、その後矢印の順に折ります。

Step2 写《うつ》す

フリーハンド

図案を参考にしながら、鉛筆などで直接折り紙に書き込みます。この場合、折り紙は裏面が表になるように折ります。

トレーシングペーパー

図案の上にトレーシングペーパーを重ね、輪郭をていねいに写しとり、ホッチキスで折り紙に留めつけます。

コピー

図案をコピーし、ホッチキスで折り紙に留めつけます。図案を拡大や縮小したいときに、便利です。

Step3 切《き》る

フリーハンドで写した折り紙は、そのまま線に沿って切ります。
トレーシングペーパーとコピーは留めつけた図案ごと切りましょう。切り抜きにはカッターを使います。

はさみを使う

切り始めは、細かい切り込み部分からはじめます。

曲線部分は、折り紙本体を回すように動かしながら切るときれいに切れます。

カッターを使う

切り始めは、切り抜き部分、細かい切り込み部分の順に切りはじめます。

曲線は折り紙がずれないよう、しっかりと手で押さえながら刃を回すように一気に切ります。

切《き》り方《かた》POINT

鋭角《えいかく》な部分《ぶぶん》は切《き》り込《こ》みを深《ふか》く入《い》れて
鋭角なデザインの場合は、少し深い切れ込みを入れるとはさみが動かしやすく、きれいに仕上がります。

邪魔《じゃま》になる前《まえ》に切《き》れ端《はし》は途中《とちゅう》でカット
作業中、 邪魔になる部分は適宜切り離してから作業したほうが、効率よく仕上げられます。

細《こま》かい切《き》り抜《ぬ》きは切《き》らずに書《か》いても
目など細かい切り抜きや線は、はじめは難しく感じるもの。そんな時には鉛筆やペンで書けばかんたんです。

Step4 開《ひら》く

細かい部分からやぶけないよう、ていねいに開けばできあがりです。

【 用《よう》意《い》するもの 】

おりがみやタント紙
この本の図案は15センチサイズのおりがみを基本にしています。
画用紙より加工しやすく、色も豊富で裏側にも色の付いたタント紙もおすすめ。

はさみとカッター
ご家庭にある一般的なはさみで問題ありませんが、細かい切り込みには刃が薄く、小さめのはさみを使うと作業がしやすいです。

こんな紙でもたのしい！

千代紙や包装紙などを使用すると、ちょっと変わった切り紙が楽しめます。

あると便《べん》利《り》なもの

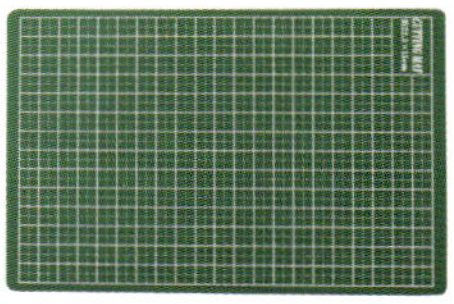

カッティングボード
カッターを使ったり、図案を写し取ったりするときに役立ちます。

ホッチキス
写した図案を折り紙に留めつけるときに使用します。

ポンチ
丸い切り抜きに便利な道具。各種サイズがあり、100円ショップでも購入が可能です。

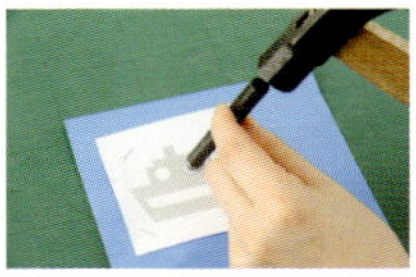

ポンチの使い方
図案の目や円の部分に直径の合うポンチをあてて、かなづちで軽くたたくと、きれいに切り抜くことができます。

【 図《ず》案《あん》ページの見《み》方《かた》 】

型紙の点線
図案をおりがみに写すときの位置を表しています。点線部分とおりがみの折り山が重なっているか確認してください。

図案
すべて原寸の実物大図案になります。図案を拡大・拡小することで、お好きな大きさの切り紙が楽しめます。

作品名

折り方
作品を作るための折り方になります。折り方は2ページで説明しています。

2つ折り
4つ折り
6つ折り
8つ折り
10折り
じゃばら折り

かたつむり
2つ折り

完成図

Point
図案の内側に切り抜きがある場合はその部分を最初に、次に細かい図案部分へと切りすすめると、きれいに仕上がります。

1年中楽しめる
はじめての切り紙

四季折々の自然や楽しい行事をモチーフに。
かわいくて、ちょっぴりおしゃれな
1年を通して楽しめる
切り紙の世界がはじまります

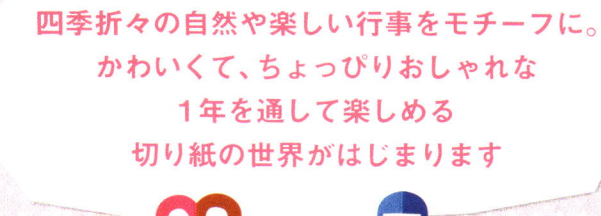

かんたん　かわいい

小さな春夏秋冬モチーフ

＊図案は10〜13ページに掲載されています
Design／mariko ishikawa

さくら
こいのぼり

ちょうちょ
ひなまつり
チューリップ
クローバー
たんぽぽ

手のひらにすっぽりおさまる小さな切り紙は、
はじめてでも簡単に作ることができるものばかり。
切って楽しんだ後は、カードやはがきにあしらってもかわいいモチーフたちです。

風鈴《ふうりん》

T《てぃ》シャツ

カエル

カブトムシ

船《ふね》

カニ

あさがお

タコ

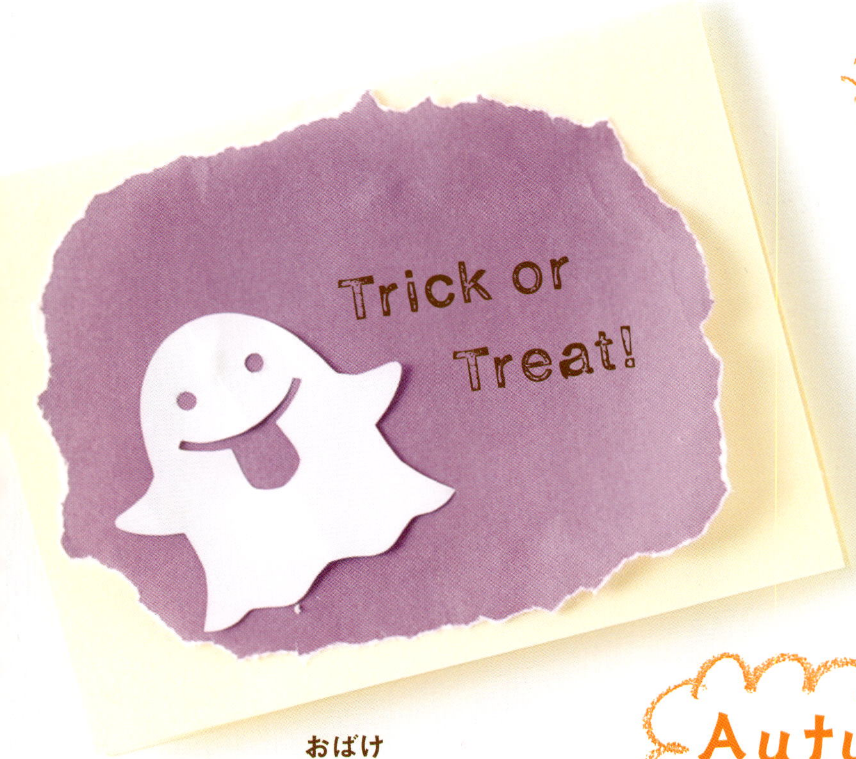

おばけ

Autumn

ほうき

ハロウィンかぼちゃ

どんぐり

ぶどう

落《お》ち葉《ば》

きのこ

やっこさん

羽子板《はごいた》

かがみもち

サンタさん

りぼん

てぶくろ

クリスマスツリー

雪《ゆき》だるま

かんたん かわいい　小さな春夏秋冬モチーフ

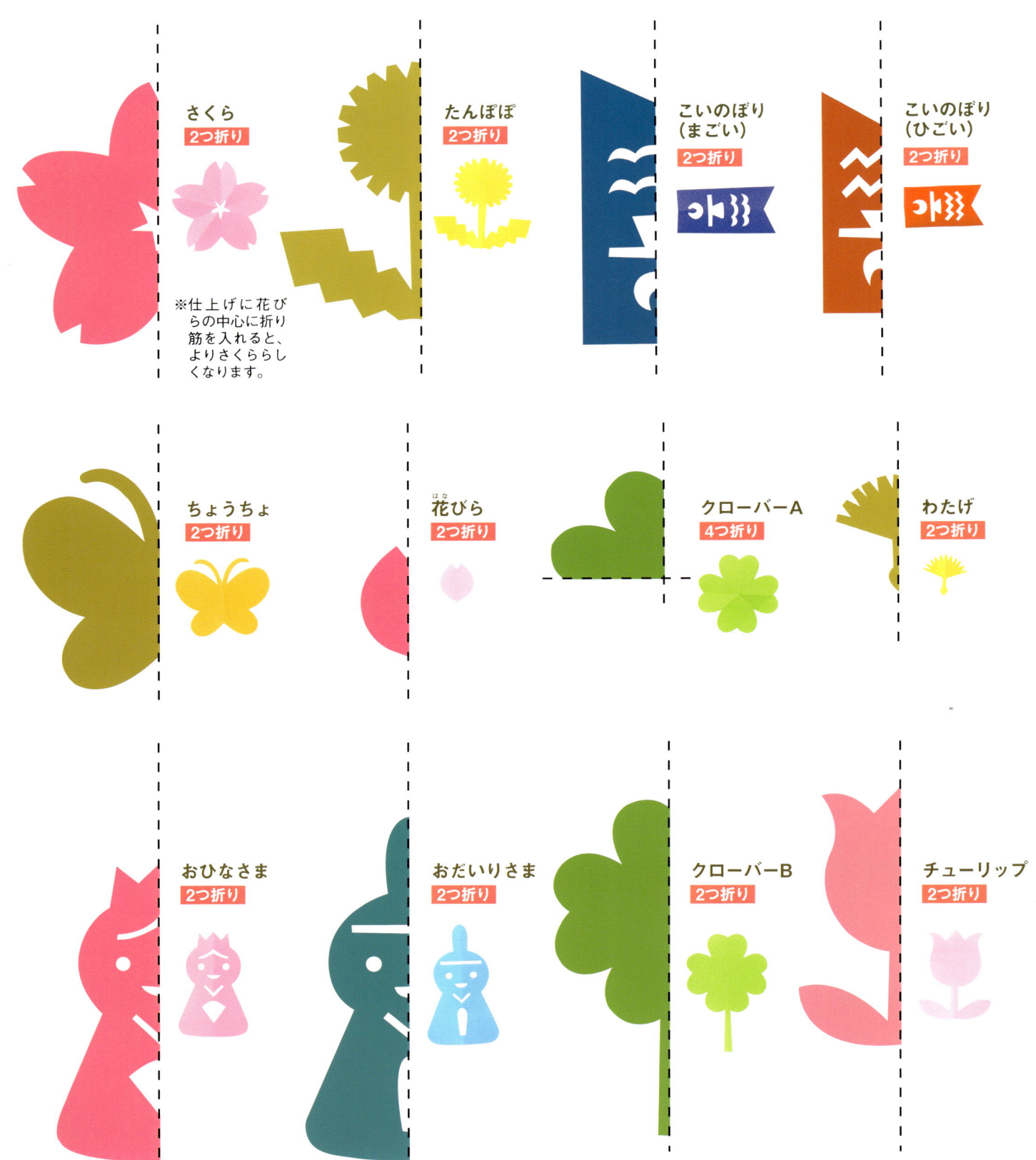

さくら
2つ折り

※仕上げに花びらの中心に折り筋を入れると、よりさくららしくなります。

たんぽぽ
2つ折り

こいのぼり（まごい）
2つ折り

こいのぼり（ひごい）
2つ折り

ちょうちょ
2つ折り

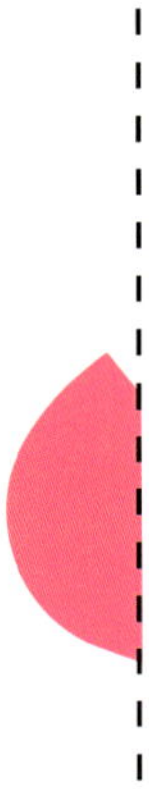

花《はな》びら
2つ折り

クローバーA
4つ折り

わたげ
2つ折り

おひなさま
2つ折り

おだいりさま
2つ折り

クローバーB
2つ折り

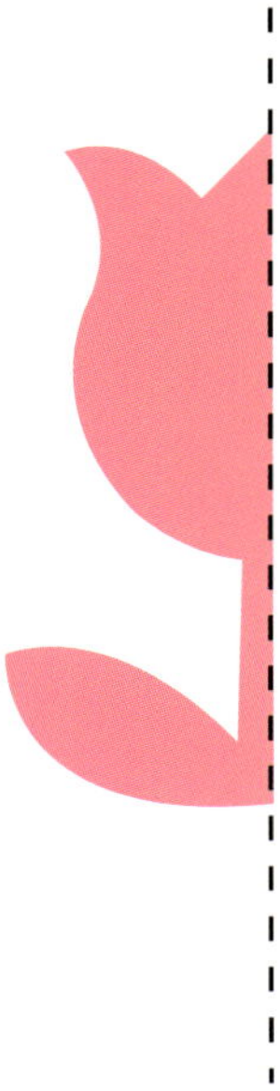

チューリップ
2つ折り

※図案の内側に切り抜きがある場合は、その部分を最初に切りはじめるときれいに仕上がります。

風鈴《ふうりん》

2つ折り

※風鈴の中の「さかなの切り抜き」は風鈴を切り終えて開いてからカッターで切り抜きます。

カブトムシ

2つ折り

T《てぃ》シャツ

2つ折り

カエル

2つ折り

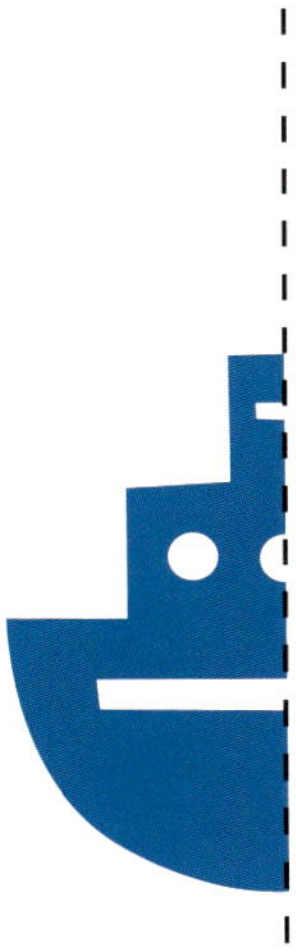

船《ふね》

2つ折り

あさがお

2つ折り

カニ

2つ折り

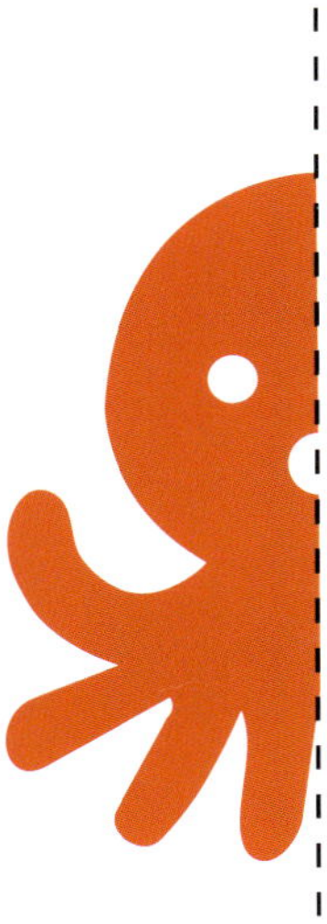

タコ

2つ折り

あさがおの葉《は》っぱ

2つ折り

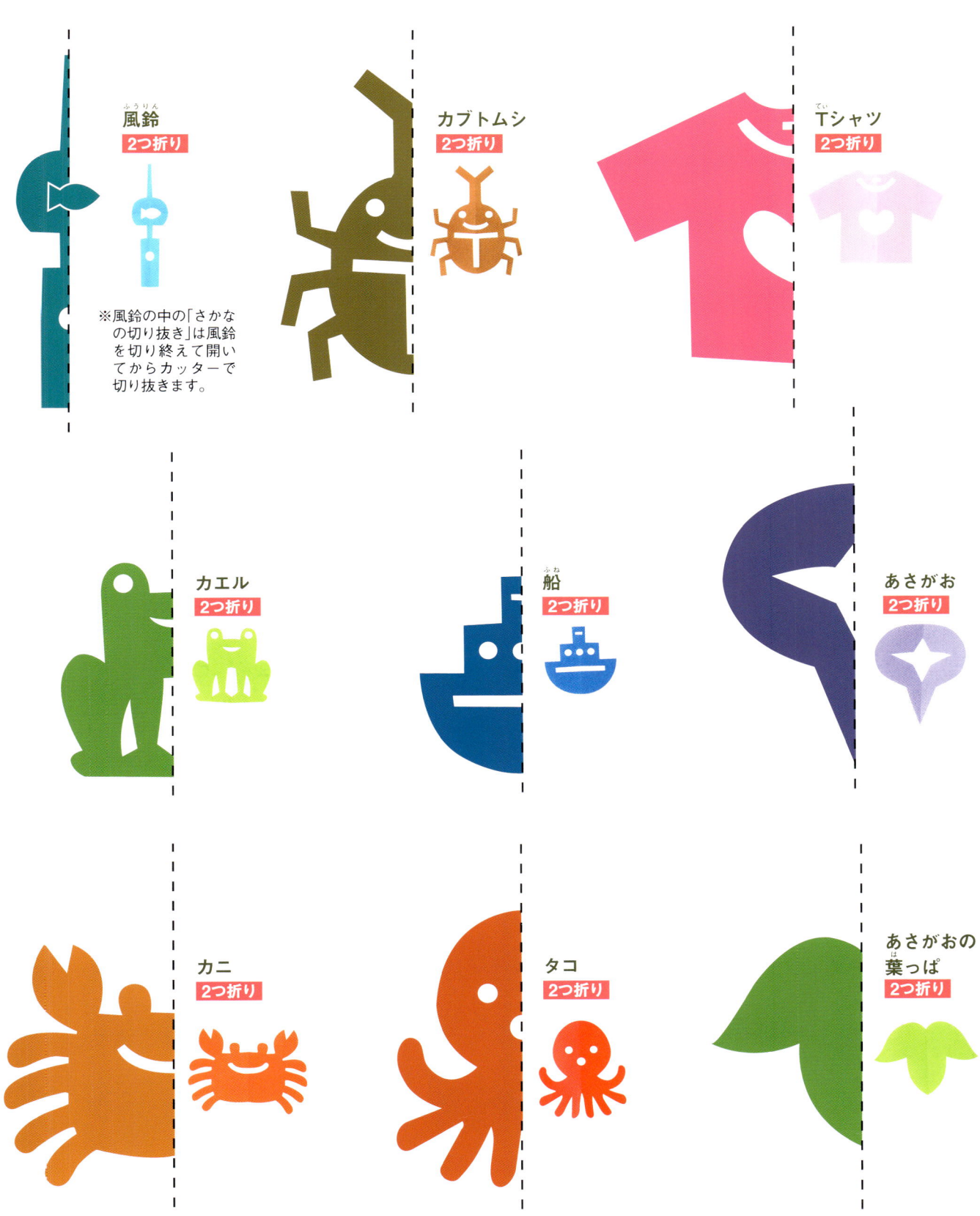

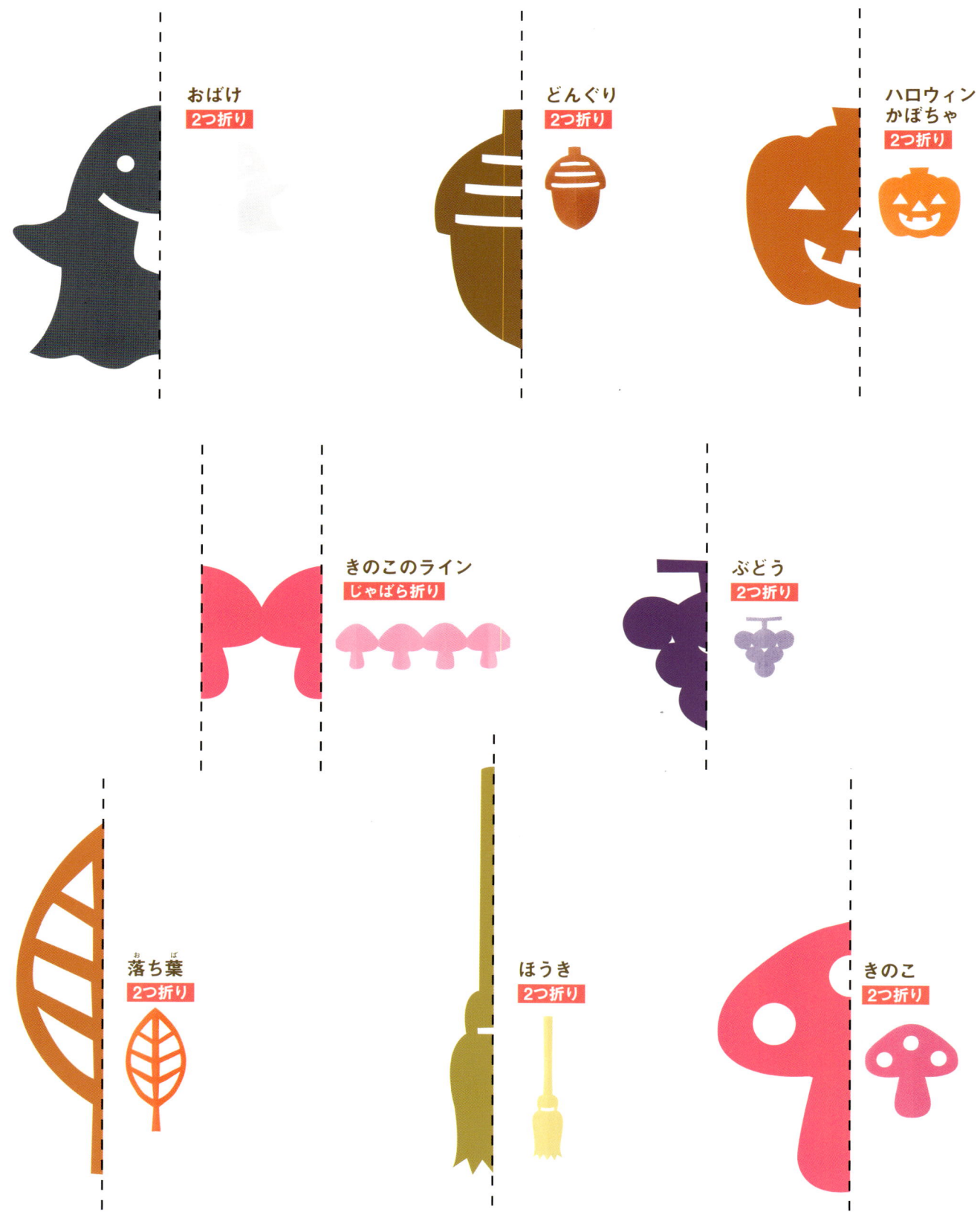

おばけ
2つ折り

どんぐり
2つ折り

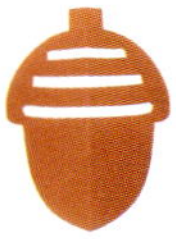

ハロウィン
かぼちゃ
2つ折り

きのこのライン
じゃばら折り

ぶどう
2つ折り

落《お》ち葉《ば》
2つ折り

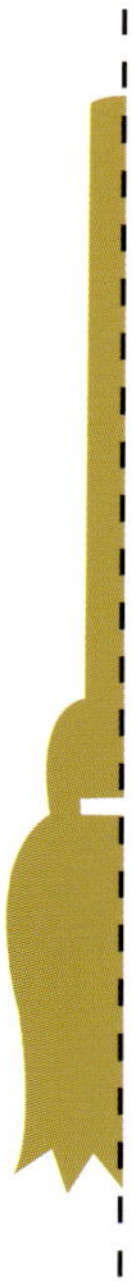

ほうき
2つ折り

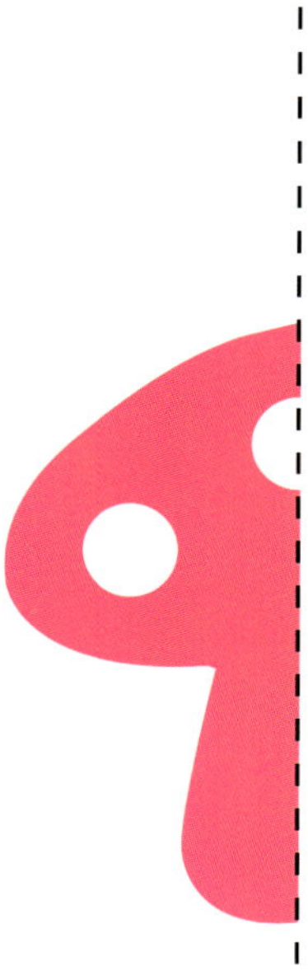

きのこ
2つ折り

※図案の内側に切り抜きがある場合は、その部分を最初に切りはじめるときれいに仕上がります。

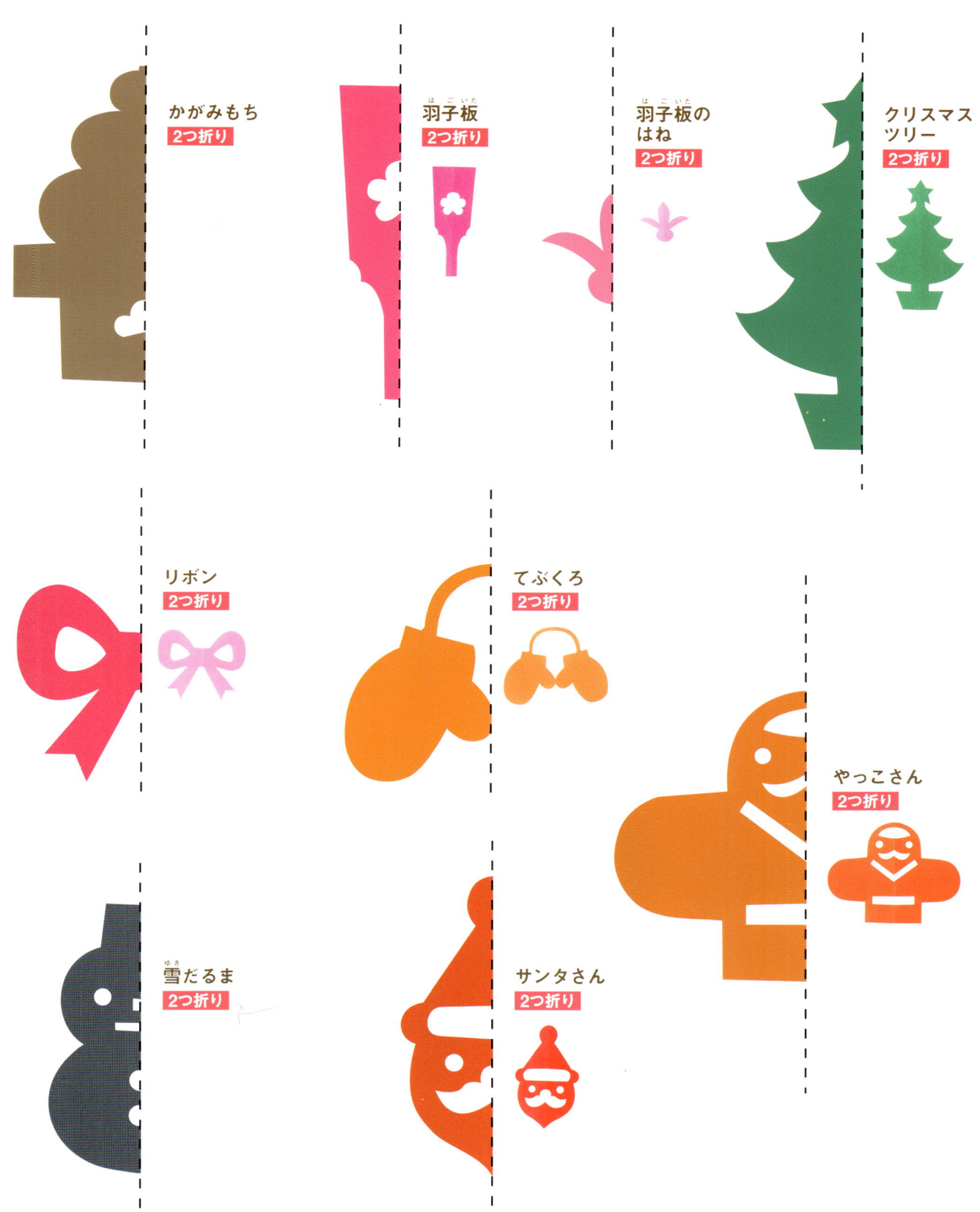

かがみもち
2つ折り

羽子板《はごいた》
2つ折り

羽子板《はごいた》のはね
2つ折り

クリスマスツリー
2つ折り

リボン
2つ折り

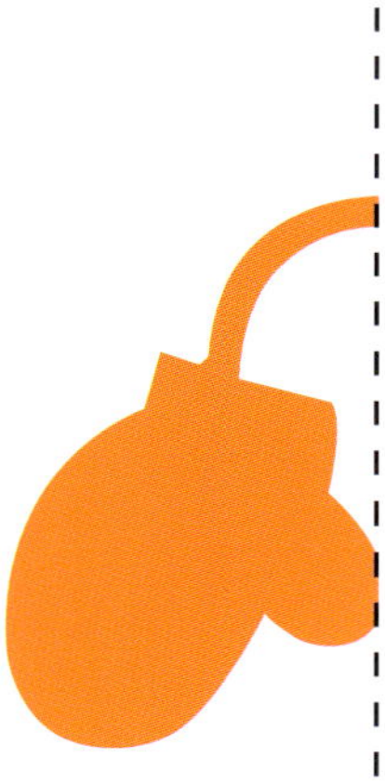

てぶくろ
2つ折り

やっこさん
2つ折り

雪《ゆき》だるま
2つ折り

サンタさん
2つ折り

四季の円形モチーフ

＊図案は16～17ページに掲載されています

Design／yukie kawasaki

円のなかに四季のモチーフをぎゅっと閉じこめて。
円形モチーフは、折り紙にしっかりと折り目をつけてから切ると、
きれいに仕上がります。
やぶけないようにそっと開くと、
ノスタルジックなかわいらしさに思わず笑顔がこぼれます。

四季の円形モチーフ

さくらと扇子《せんす》

6つ折り

ちょうちょと花《はな》

6つ折り

かたつむりと紫陽花《あじさい》

4つ折り

七夕《たなばた》

6つ折り

※図案の内側に切り抜きがある場合は、その部分を最初に切りはじめるときれいに仕上がります。
※折る回数が増えて紙に厚みが出ると細部が切りにくい場合があります。おりがみか薄めの紙を使用するのがおすすめです。

落《お》ち葉《ば》

6つ折り

ハロウィン

6つ折り

モミの木《き》とトナカイ

4つ折り

ツリーとキャンドル

8つ折り

～はじまりの春～

＊図案は20～23ページに掲載されています
Design／chihiro takeuchi

暖かい日差しを浴びて草木が芽吹き、
生き物たちが元気に活動をはじめる季節。
子どもにまつわる行事も多く、春の切り紙は、
元気な子どもたちの声が響いてくるようです。

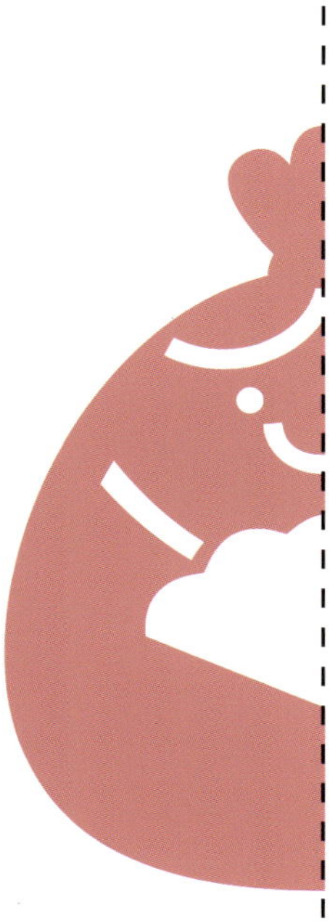

おひなさま
2つ折り

おだいりさま
2つ折り

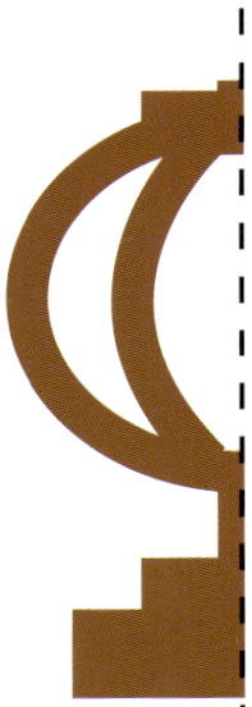

ぼんぼり
2つ折り

小鳥《ことり》と巣箱《すばこ》
2つ折り

セーラー服《ふく》
2つ折り

ランドセル
2つ折り

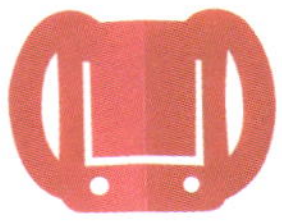

いもむし
2つ折り

ミツバチ
2つ折り

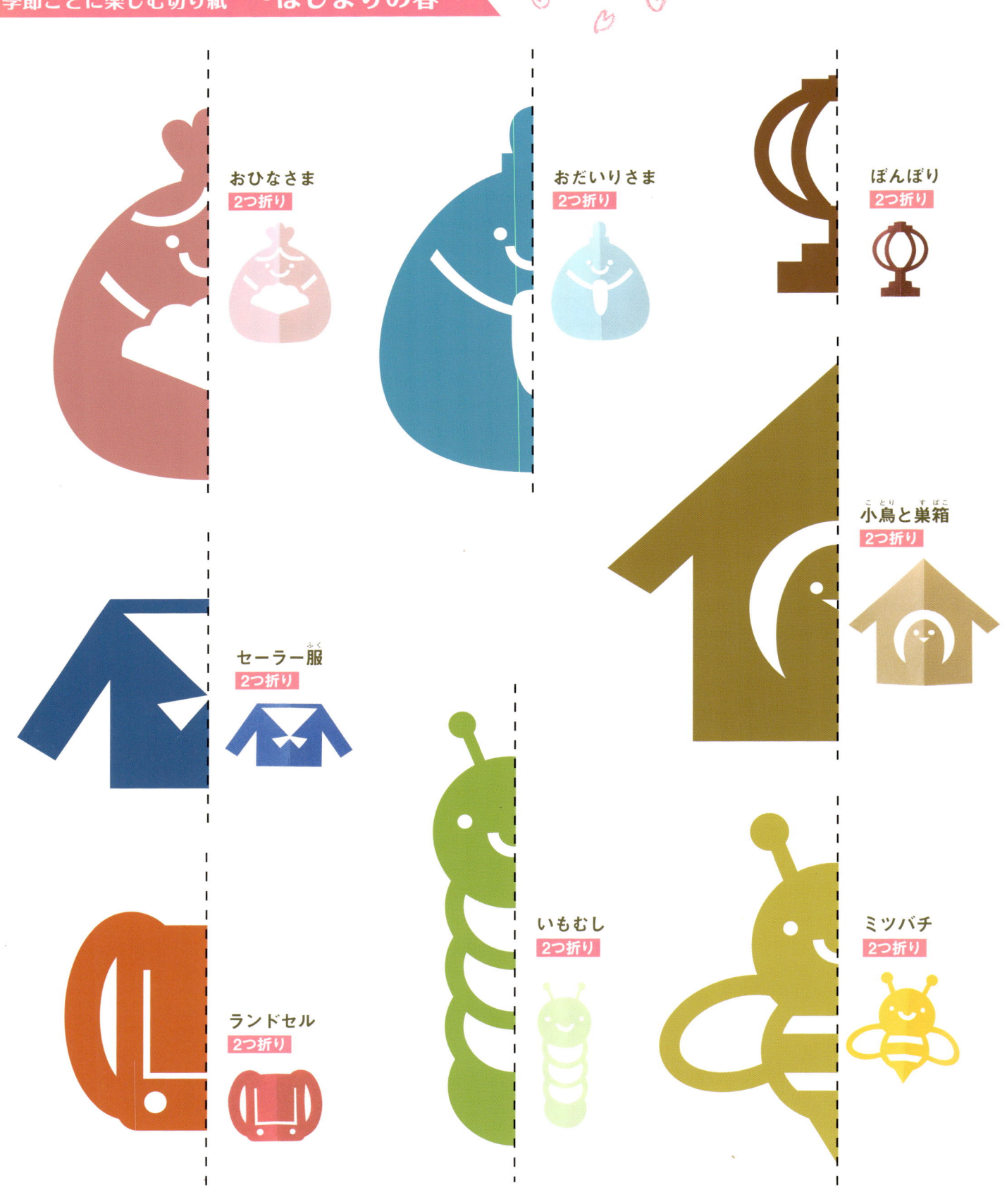

※図案の内側に切り抜きがある場合は、その部分を最初に切りはじめるときれいに仕上がります。

カエル
2つ折り

おたまじゃくし
2つ折り

さくらの木《き》
2つ折り

クマ
2つ折り

かぶと
2つ折り

たけのこ
2つ折り

つくし
2つ折り

花柄《はながら》
レースC
4つ折り

花柄《はながら》レースA
4つ折り

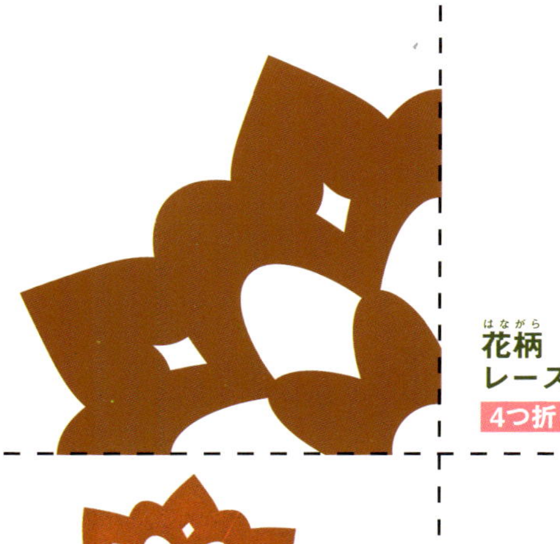

花柄《はながら》
レースD
4つ折り

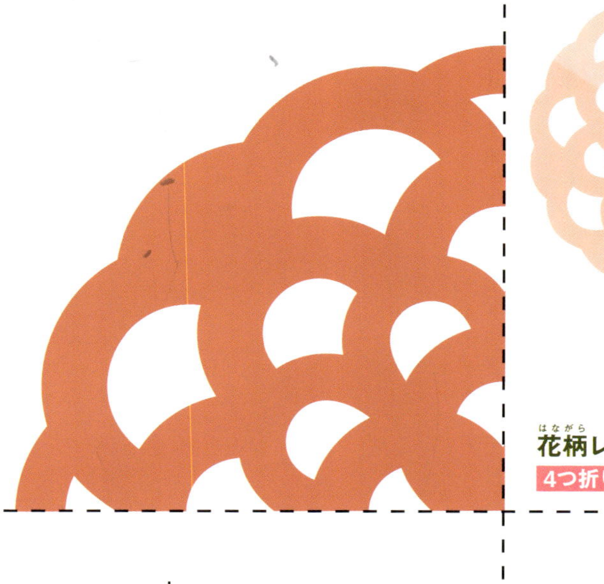

花柄《はながら》レースB
4つ折り

小鳥《ことり》と梅《うめ》
2つ折り

※図案の内側に切り抜きがある場合は、その部分を最初に切りはじめるときれいに仕上がります。

桃太郎《ももたろう》

2つ折り

モグラ

2つ折り

3匹《びき》のけらい

金太郎《きんたろう》

2つ折り

～思い出づくりの夏～

＊図案は26～29ページに掲載されています

Design／chihiro takeuchi

じめじめとした長い梅雨も終われば、
待ちに待った夏の到来。
海水浴や登山、虫取りやスイカ割りなど、
数えきれないほどの夏の思い出を形にして、
いつまでも楽しみましょう。

おり姫《ひめ》

2つ折り

ひこ星《ほし》

2つ折り

紫陽花《あじさい》

2つ折り

ひな

2つ折り

うちわ

2つ折り

葉《は》っぱ

2つ折り

かたつむり

2つ折り

パイナップル

2つ折り

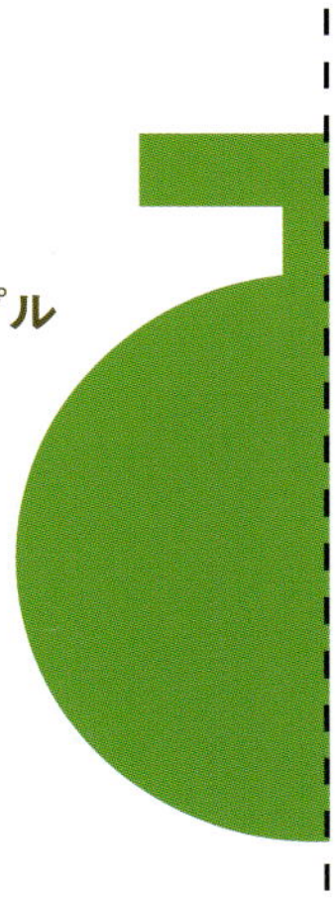

メロン

2つ折り

※図案の内側に切り抜きがある場合は、その部分を最初に切りはじめるときれいに仕上がります。

かみなりさま
2つ折り

うさぎとかさ
2つ折り

つばめ
2つ折り

ひまわり
2つ折り

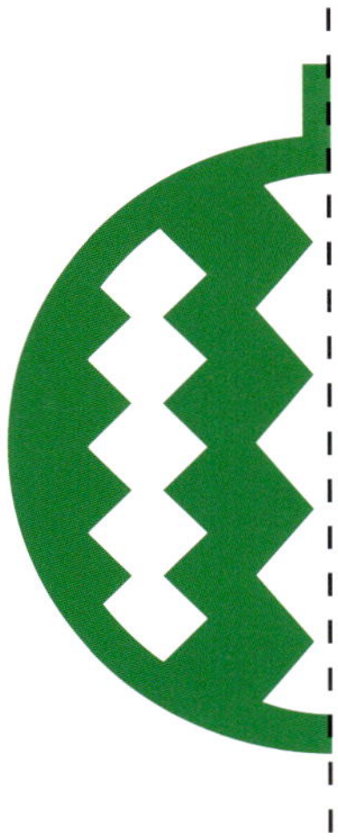

スイカ
2つ折り

流《なが》れ星《ほし》
2つ折り

スイカのライン
じゃばら折り

てんとう虫《むし》
2つ折り

ハワイアン・パイナップル
4つ折り

ハワイアン・カメ
4つ折り

クワガタ
2つ折り

イカリ
2つ折り

ヤシの木《き》
2つ折り

かき氷《こおり》
2つ折り

※図案の内側に切り抜きがある場合は、その部分を最初に切りはじめるときれいに仕上がります。

セミ

2つ折り

金魚《きんぎょ》

2つ折り

ステンドグラス風切り紙の作り方

1 図案通りに切った切り紙(黒い部分)に好きな色の色紙をあてて、鉛筆で枠を写します。

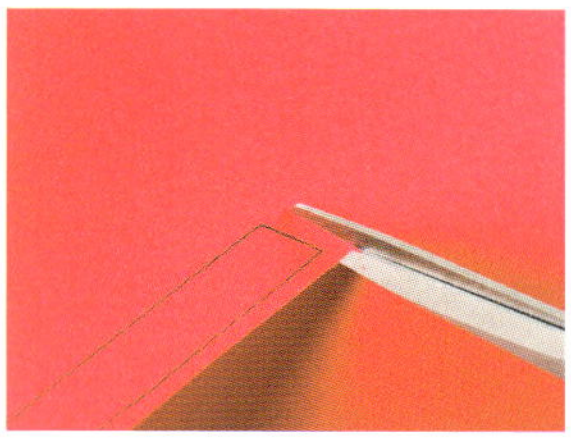

2 写した鉛筆の線より2ミリ程度、外側をはさみで切ります(のりしろ部分になります)。

3 のりしろ部分にのりを塗り、裏側から重ね貼りします。

表に返してできあがり!

ヨット

ステンドグラス風

ボート

ステンドグラス風

〜みのりの秋〜

＊図案は32〜35ページに掲載されています
Design／chihiro takeuchi

もみじや銀杏の葉っぱが色づく頃、
月に誘われて出てきたタヌキや
ハロウィンのおばけたちが大騒ぎ。
みのりの秋のモチーフは、
自然からの恵みとにぎやかな仲間でいっぱいです。

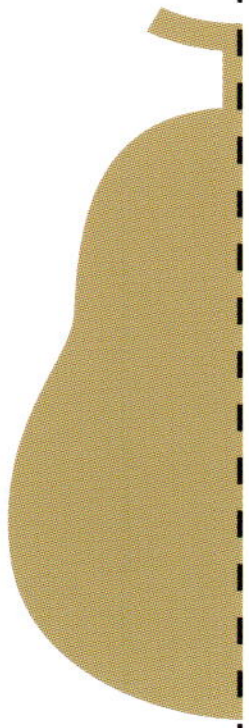

洋《よう》なし

2つ折り

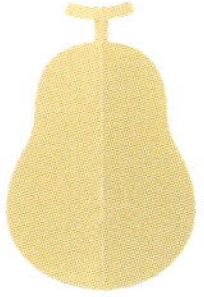

かき

2つ折り

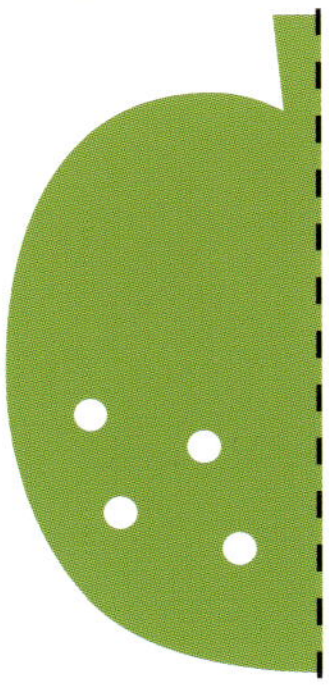

なし

2つ折り

銀杏《いちょう》A

2つ折り

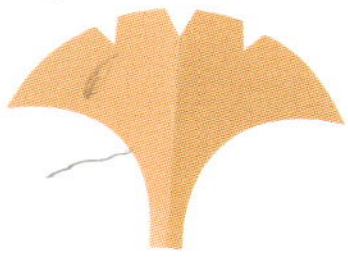

銀杏《いちょう》B

2つ折り

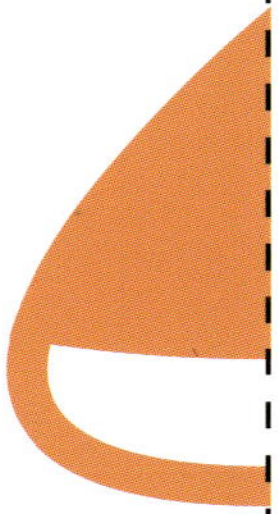

くり

2つ折り

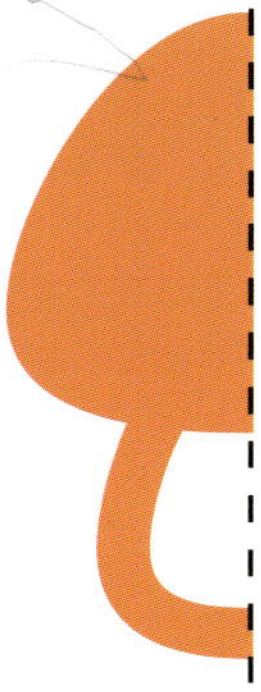

きのこ

2つ折り

もみじ

2つ折り

いがぐり

2つ折り

※図案の内側に切り抜きがある場合は、その部分を最初に切りはじめるときれいに仕上がります。

こうもり

2つ折り

ハロウィンのライン

じゃばら折り

ハロウィンのおばけ

ステンドグラス風

※ステンドグラス風の作り方は
29ページを参照してください。

サンマ

2つ折り

おばけかぼちゃA

2つ折り

おばけかぼちゃB

2つ折り

タヌキのライン

じゃばら折り

月《つき》とうさぎ

2つ折り

かかし

2つ折り

赤トンボ

2つ折り

※図案の内側に切り抜きがある場合は、その部分を最初に切りはじめるときれいに仕上がります。

おじいちゃん

2つ折り

おばあちゃん

2つ折り

どんぐり

2つ折り

もみじとどんぐりのライン

じゃばら折り

ススキ

2つ折り

コスモス

4つ折り

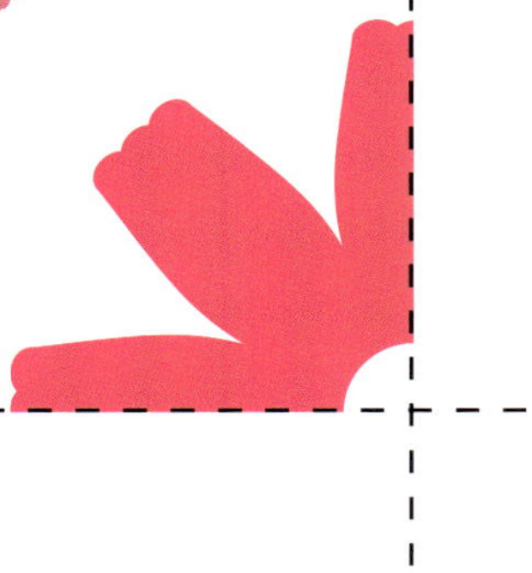

月見《つきみ》だんご

2つ折り

～楽しみいっぱいの冬～

＊図案は38～41ページに掲載されています

Design／chihiro takeuchi

クリスマスにお正月と、
みんなが大好きな行事が続く冬。
待ちに待った楽しいイベントを、
切り紙とともに迎えましょう。

トナカイ
2つ折り

プレゼントA
2つ折り

プレゼントB
2つ折り

ジンジャー
ブレッドマン
2つ折り

ソリに乗《の》った
サンタさん

街《まち》並《な》み

※図案の内側に切り抜きがある場合は、その部分を最初に切りはじめるときれいに仕上がります。

キャンドル
リース
2つ折り

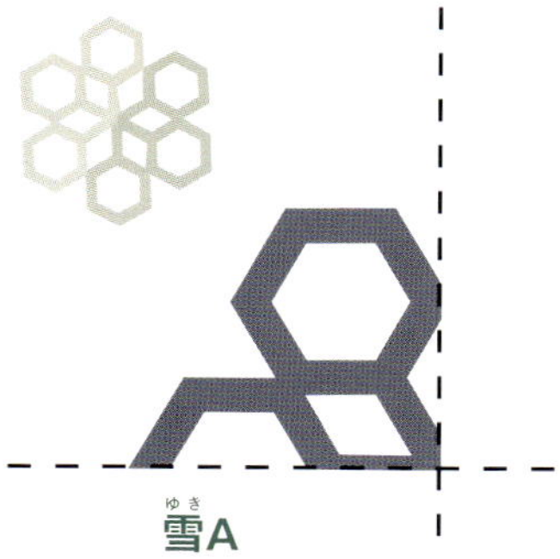

雪《ゆき》A
4つ折り

雪《ゆき》C
4つ折り

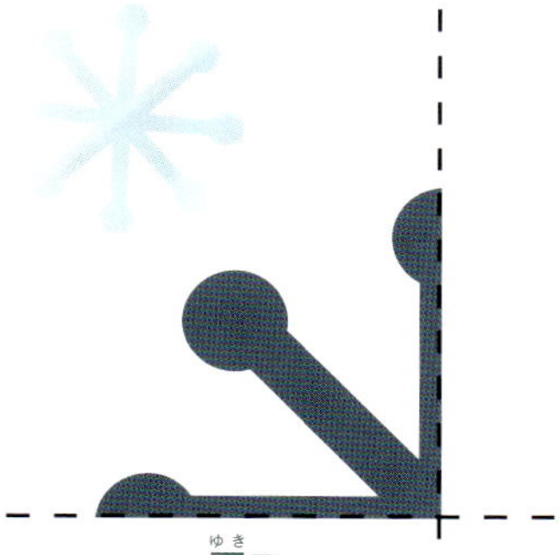

雪《ゆき》B
4つ折り

雪《ゆき》D
4つ折り

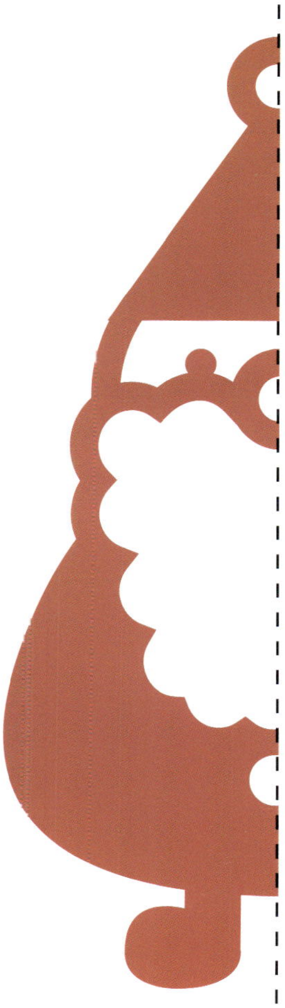

サンタさん
2つ折り

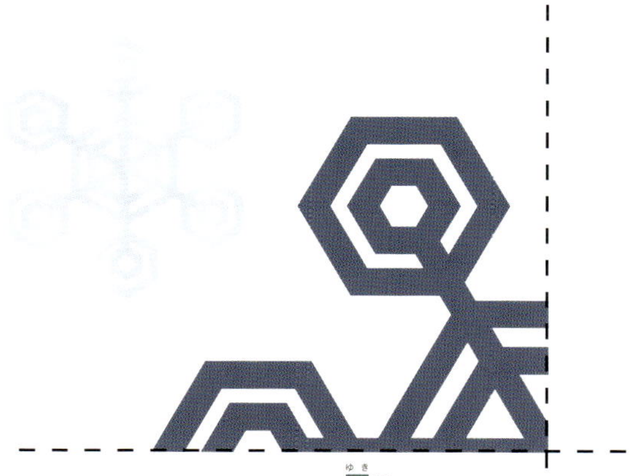

雪《ゆき》E
4つ折り

くつした
2つ折り

ベル
2つ折り

コマ
2つ折り

クリスマスツリー
2つ折り

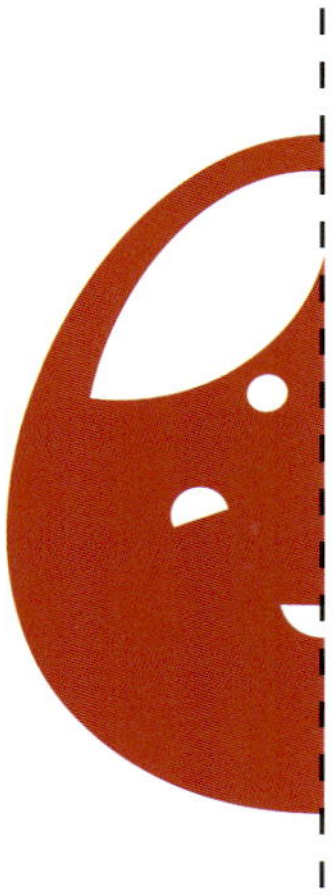

お多福《たふく》
2つ折り

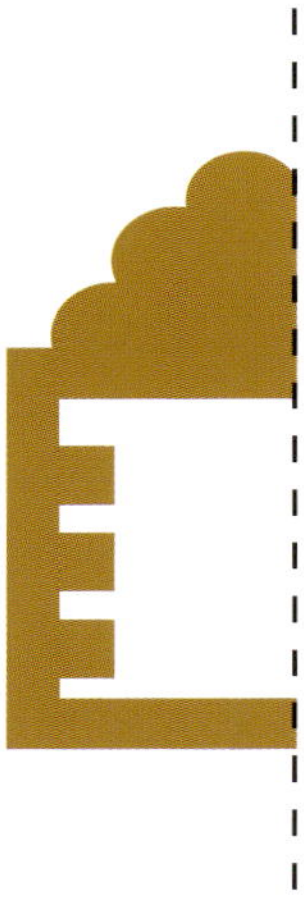

豆《まめ》まき
2つ折り

ゆきだるまA
2つ折り

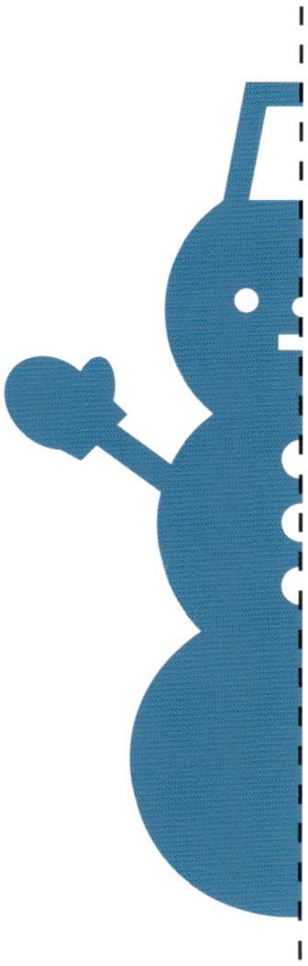

ゆきだるまB
2つ折り

※図案の内側に切り抜きがある場合は、その部分を最初に切りはじめるときれいに仕上がります。

やっこさん

2つ折り

富士山《ふじさん》

2つ折り

雲《くも》

2つ折り

はね

2つ折り

羽子板《はごいた》

2つ折り

ロボット

ステンドグラス風

※ステンドグラス風の作り方は
29ページを参照してください。

鬼《おに》

2つ折り

獅子《しし》

2つ折り

来年は何どしかな？
干支(えと)

＊図案は68〜69ページに掲載されています
Design／chihiro takeuchi

干支とは？

干支(えと)は、子《ね》・丑《うし》・寅《とら》・卯《う》・辰《たつ》・巳《み》・午《うま》・未《ひつじ》・申《さる》・酉《とり》・戌《いぬ》・亥《い》の12の動物で表す十二支が有名。中国で、年や日時、方位などを表すために使われていたものが日本に伝わったそうです。日本では12年を1つの周期として、それぞれに動物を当てて表すことで親近感も増し、今なお愛され続けています。

なんで、干支はねずみから始まるの？

むかしむかし、神様が動物を集めて「お正月になったら、新年のあいさつに来なさい。早く着いた12匹の動物にはそれぞれ年の守り神になってもらおう」と言いました。一番になりたかった牛は大晦日の夜から歩き始め、一番に神様のところに着きました。しかしその瞬間、牛の背中に乗っていたねずみが「ぼくが一番！」と叫び、ひらりと前に出てきたため、牛は2番目になってしまいました。…そして次々と挨拶に来る動物のなかに、なぜネコがいなかったのでしょう？　それは前日にねずみが「挨拶はお正月の2日目に行くんだよ」とウソを教えたから。それを許せないネコは今もネズミを見かけると追い回すのだとか。

絵馬を作ってみましょう！

絵馬の切り紙の上に今年の干支や自分の干支をのせて。
願い事を書いたら、かんたんでとってもかわいらしい干支の絵馬のできあがり

子
ね
（ねずみ）
丑
うし
寅
とら
卯
う
（うさぎ）
たつ
（りゅう）
辰
み（へび）
巳
うま
午
ひつじ
未
さる
申
とり
酉
いぬ
戌
い
（いのしし）
亥

夜空からの贈り物
星座モチーフ

＊図案は70～71ページに掲載されています
Design／chihiro takeuchi

★ 星座占いって？

今から約5000年程前、メソポタミア地方の羊飼いの人々が、夜空を見ながら考えたのが始まりと言われています。生まれたときに太陽が12星座のどの位置にあるかで運命や性格などを占うようになり、最近ではテレビや雑誌で運勢やラッキーカラー・ラッキーアイテムなどが星座ごとに紹介され、身近な占いとして親しまれています。

★ 12星座のひとこと占い

おひつじ座《ざ》
Aries
3月21日～4月19日生まれ

新しい始まりを表す星。性格がはっきりとしていて元気いっぱいな人が多い星座です。

おうし座《ざ》
Taurus
4月20日～5月20日生まれ

おっとりとして心の優しいおうし座は、何にでもじっくりと向き合うがんばり屋さん。

ふたご座《ざ》
Gemini
5月21日～6月21日生まれ

おしゃべりで陽気な性格の双子座。皆をいつも明るくしてくれるムードメーカー的存在です。

かに座《ざ》
Cancer
6月22日～7月22日生まれ

心が豊かでお母さんのように優しい心を持っているかに座には、甘えてくる人がいっぱい。

しし座《ざ》
Leo
7月23日～8月22日生まれ

ライオンのように堂々とした姿は、まさに王者の風格。そして、温かい心の持ち主でもあります。

おとめ座《ざ》
Virgo
8月23日～9月22日生まれ

女神のようにかしこくて責任感があるおとめ座は、きれい好きで掃除や片付けが得意です。

てんびん座《ざ》
Libra
9月23日～10月23日生まれ

てんびんのようなバランス感覚を持ち、いつも笑顔でどんな人とも仲よくなれる人気者。

さそり座《ざ》
Scorpius
10月24日～11月21日生まれ

ミステリアスな大人っぽさがあるさそり座は、みんなのあこがれの的。集中力もバツグンです。

いて座《ざ》
Sagittarius
11月22日～12月21日生まれ

冒険が大好き。いつもワクワクしていて、何か見つけるとすぐ挑戦する行動力もあります。

やぎ座《ざ》
Capricornus
12月22日～1月19日生まれ

まじめでこつこつとがんばる努力家さん。一度目標を決めたら最後まであきらめません。

みずがめ座《ざ》
Aquarius
1月20日～2月18日生まれ

新しいものが大好きなみずがめ座。ファッションや芸術にも興味のある、おしゃれさんです。

うお座《ざ》
Pisces
2月19日～3月20日生まれ

ロマンチストで夢見がちなうお座は、純粋な心の持ち主。困った人を助ける優しさもあります。

大切な日に彩りを添えて

記念日のためのあしらい

＊図案は47～49ページに掲載されています
Design／yukie kawasaki

母の日や結婚式、出産…大切な日をイメージしたモチーフたち。
プレゼントやお祝いメッセージに添えて大好きな人に贈りましょう。

大切な日に彩りを添えて　記念日のためのあしらい

※図案の内側に切り抜きがある場合は、その部分を最初に切りはじめるときれいに仕上がります。

リボンと花《はな》

2つ折り

テディベア

2つ折り

エンジェルとしあわせのラッパ

2つ折り

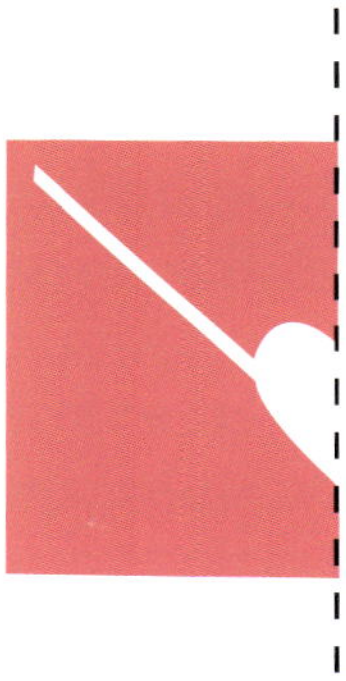

ラブレター

2つ折り

ハートとウィング

2つ折り

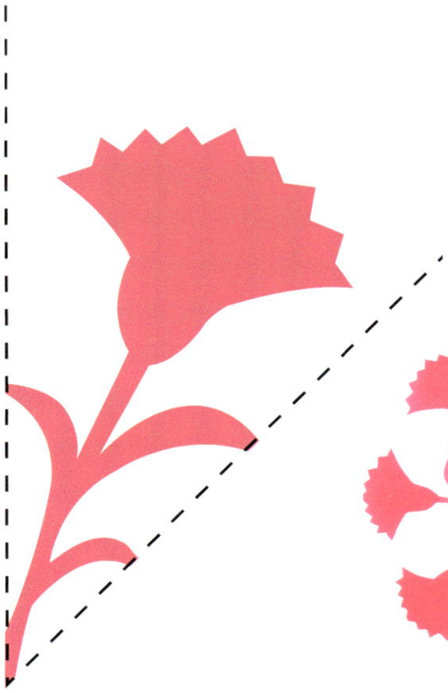

ラウンドカーネーション

8つ折り

ベビーカー

チューリップ
2つ折り

哺乳《ほにゅう》びん
2つ折り

呼《よ》び鈴《りん》
2つ折り

スタイ
2つ折り

乾杯《かんぱい》
2つ折り

プレゼント
2つ折り

ケーキ
2つ折り

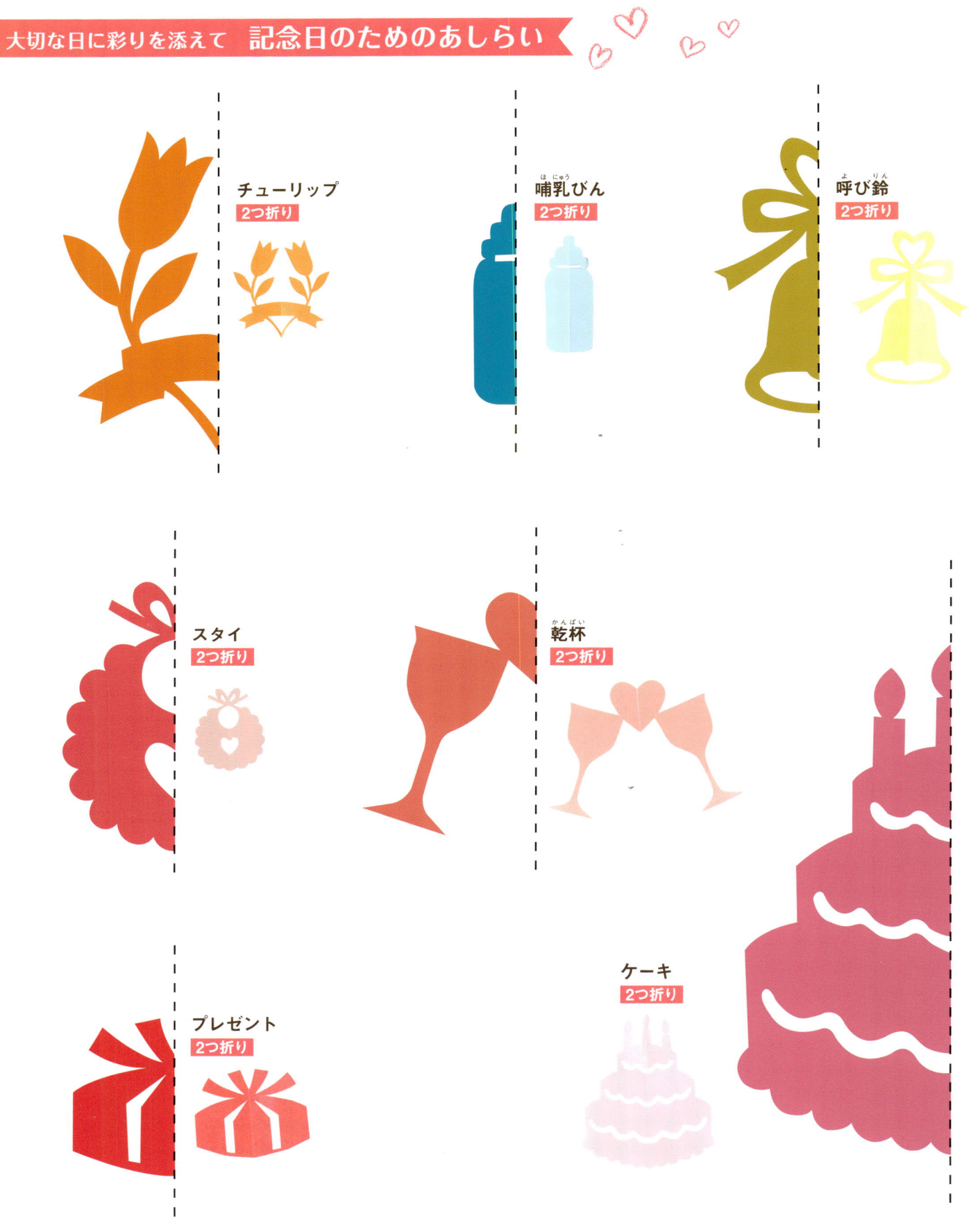

※図案の内側に切り抜きがある場合は、その部分を最初に切りはじめるときれいに仕上がります。

バラのフレーム
2つ折り

ティアラA
2つ折り

ティアラB
2つ折り

切り紙でデコレーションしましょう

いつもの写真やカードに、
切り紙をプラスするだけで、
心のこもった素敵な作品へと生まれ変わります。
デコレーションの方法は、
切り紙を好きな場所にのりで貼るだけ。
これならどなたでもかんたんに楽しめます。

Hint 1

思い出の写真に
デコレーション
スクラップブッキングを
楽しんで

＊図案は47〜49ページ
に掲載されています

Hint 2

ご祝儀袋にあしらえば
お祝いの気持ちが
より伝わりそう

＊図案は53、64ページに
掲載されています

懐かしい気持ちになれる

和のモチーフ

＊図案は52～53、64ページに掲載されています
Design／yukie kawasaki

日本らしい伝統的なモチーフは、
見ているだけでなぜかとても懐かしい気持ちになれます。
和紙や千代紙を使って作れば、さらに日本人の心をくすぐるかも。

くし

2つ折り

あやめ

2つ折り

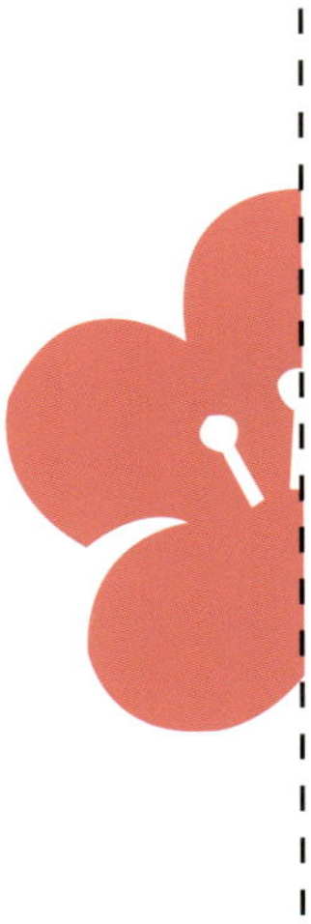

梅《うめ》

2つ折り

松《まつ》

2つ折り

やっこ凧《だこ》

2つ折り

竹《たけ》

2つ折り

扇子《せんす》

2つ折り

ひょうたん

2つ折り

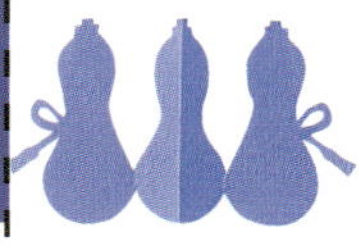

鯛《たい》の水引《みずひき》

2つ折り

※図案の内側に切り抜きがある場合は、その部分を最初に切りはじめるときれいに仕上がります。

こいのぼり

2つ折り

吹《ふ》き流《なが》し

2つ折り

青海波《せいがいは》

じゃばら折り

千鳥《ちどり》

矢車《やぐるま》

2つ折り

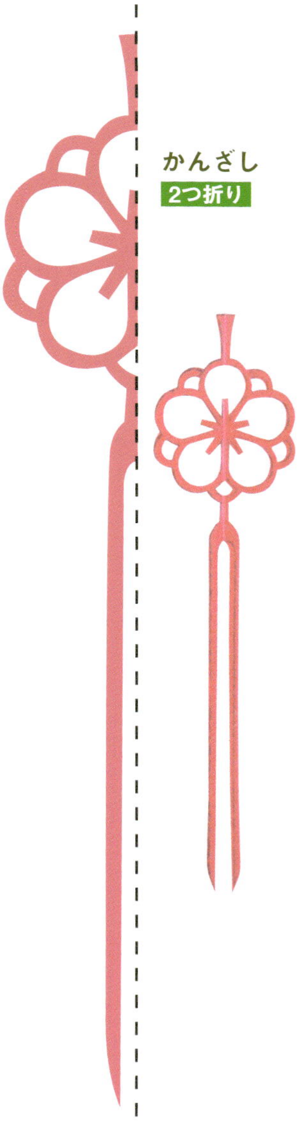

かんざし

2つ折り

※51ページでは、青海波の図案を切ったあと、千鳥の切り紙をあしらっています。

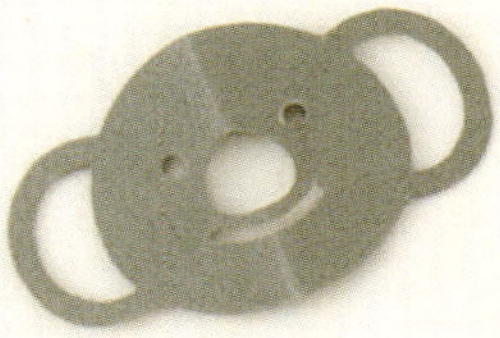

かわいい動物大集合

動物 大好き!!

＊図案は56～57ページに掲載されています

Design／chihiro takeuchi

いつも身近で楽しみたくなるような、
かわいい動物たちを集めました。

Circle pandas

Hedgehogs

Happy bear

I like penguin!

Pigs&apple

コアラ
2つ折り

サル
2つ折り

ウサギ
2つ折り

ネコ
2つ折り

イヌ
2つ折り

ハリネズミとどんぐり
2つ折り

パンダ
2つ折り

クマ
2つ折り

ペンギン
2つ折り

※図案の内側に切り抜きがある場合は、その部分を最初に切りはじめるときれいに仕上がります。

手《て》つなぎパンダ

6つ折り

ゾウとハート

2つ折り

三匹《さんびき》のこぶた

2つ折り

ブタとリンゴ

2つ折り

切り紙をインテリアとして楽しむ
1年中のモビール

＊図案は65〜67ページに掲載されています
Design／chihiro takeuchi

空の旅

お空に浮かぶ雲からは雨がぱらぱら。
「早く気球で空を飛びたいな…」と、
晴れるのを待ちわびるような
かわいいモビール。
ポップな色づかいで
お子さんにも喜ばれそう。

同じ図案の切り紙を４枚貼り合わせて立体的に。

秋の訪れとハリネズミ

冬支度に大忙しのハリネズミ。
風に吹かれてモビールがくるくる回ると、
ハリネズミが本当に忙しく
動き回っているようです。

happy new year!

お正月を迎えるエントランスに
ぴったりのモビール。
千代紙や和紙を使って
さらに和の雰囲気を楽しむのも
おすすめです。

ローズウィンドウ風

22ページで紹介した
花柄レースの図案を薄紙で切って重ねて作る、
教会のローズウィンドウ風モビール。
光を通して万華鏡のような美しさです。
1つずつ吊るしてリースとしても楽しめます。

バリエーションもいろいろ
数字《すうじ》であそぼう！

＊図案は62～64ページに掲載されています

Design／chihiro takeuchi

身近な数字も、切り紙になるとポップでかわいいモチーフに。
立てて、飾って、あしらえる、3種類の数字切り紙で、
お誕生日やホームパーティを華やかに楽しみましょう！

ポップアップタイプ

切って折りあげると、立体的でかわいい数字プレートに。

シルエットタイプ

カードや写真にあしらって楽しむなら、シルエットタイプが最適。

数字ってかわいいね♡

3Dタイプ

基本の2つ折りで作って、ちょこんと立つ姿がとってもキュート！

シルエットタイプ

※図案の内側に切り抜きがある場合は、その部分を最初に切りはじめるときれいに仕上がります。

3Dタイプ

※このページの作品は全て２つ折りになります。
※図案の内側に切り抜きがある場合は、その部分を最初に切りはじめるときれいに仕上がります。

ポップアップタイプ

※図案の内側に切り抜きがある場合は、その部分を最初に切りはじめるときれいに仕上がります。

Point

- 点線部分は切らずに立ち上げるように折ります。
- カードの枠サイズは目安になります。1枚の紙に数字をいくつか続けて切っても楽しめます。

好きな角度に合わせて折り目を付けて!

懐かしい気持ちになれる　和のモチーフ

(P53のつづき)

コマ

2つ折り

こづち

2つ折り

糸《いと》と糸切《いとき》りばさみ

10折り

つるの紋《もん》

2つ折り

1年中のモビール　P58～59

空の旅

各モチーフを作ったら、下記の配置図を参照して作品を組み合わせてみましょう。
連結の方法は、立体モチーフの場合、モチーフを貼りあわせる時にテグスや糸を中心に挟み込んで貼りあわせてつなぎます。平面モチーフの場合、モチーフの上下端にそれぞれ針やキリで小さな穴をあけて糸を通して結びます。

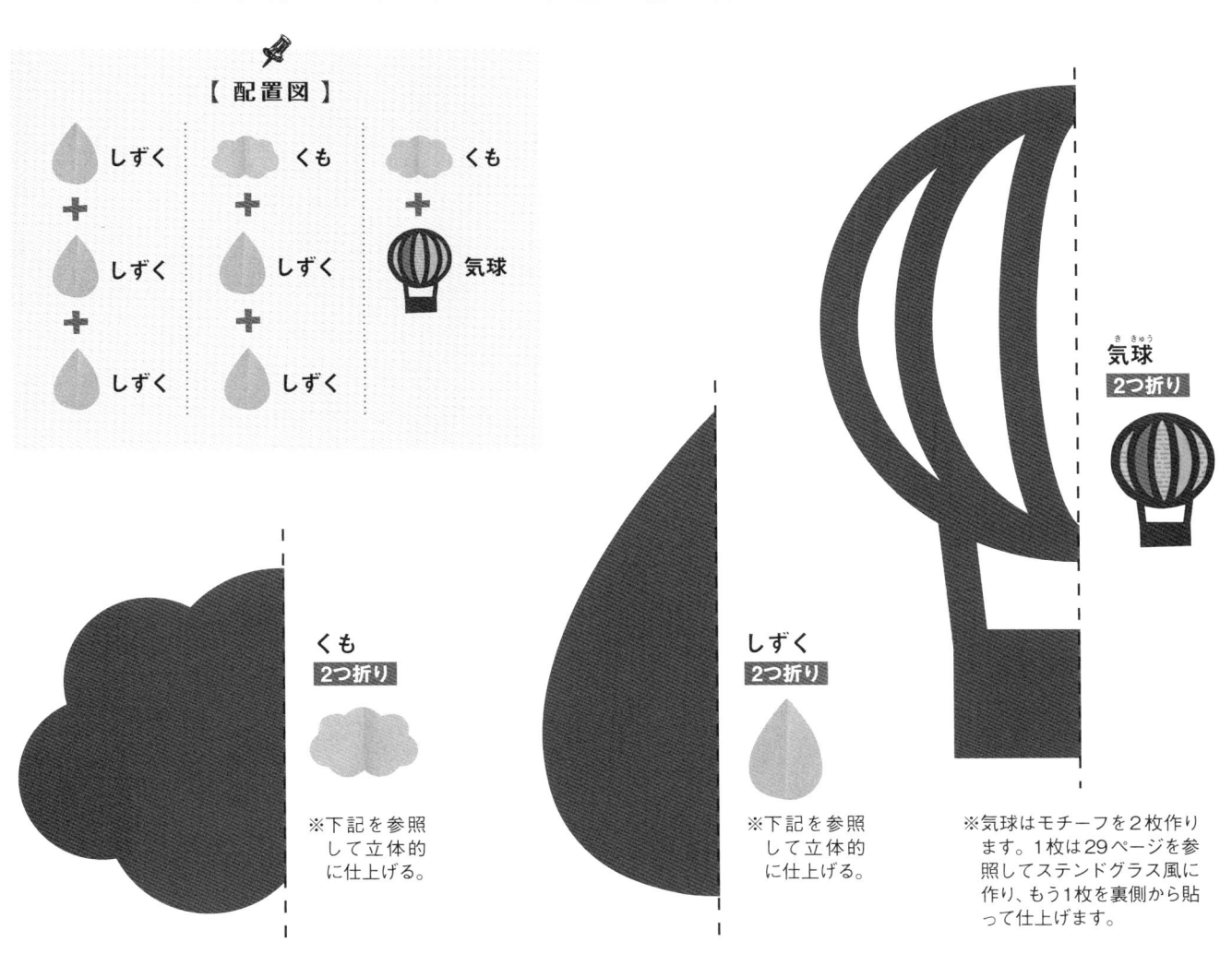

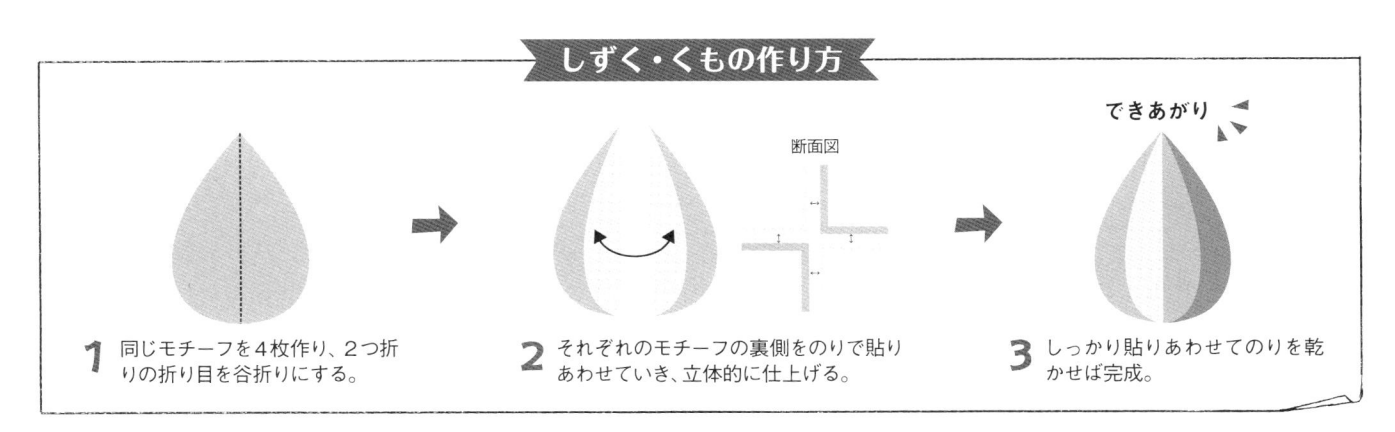

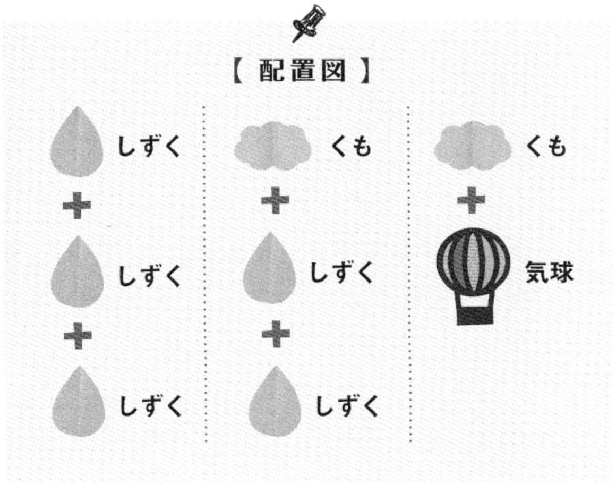

くも
2つ折り

※下記を参照して立体的に仕上げる。

しずく
2つ折り

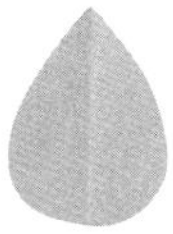

※下記を参照して立体的に仕上げる。

気《き》球《きゅう》
2つ折り

※気球はモチーフを２枚作ります。１枚は29ページを参照してステンドグラス風に作り、もう1枚を裏側から貼って仕上げます。

しずく・くもの作り方

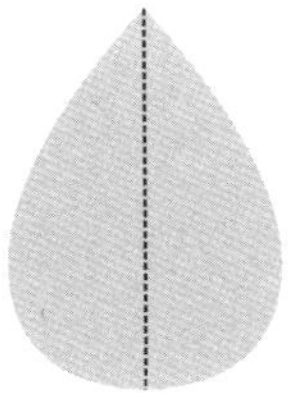

1 同じモチーフを４枚作り、２つ折りの折り目を谷折りにする。

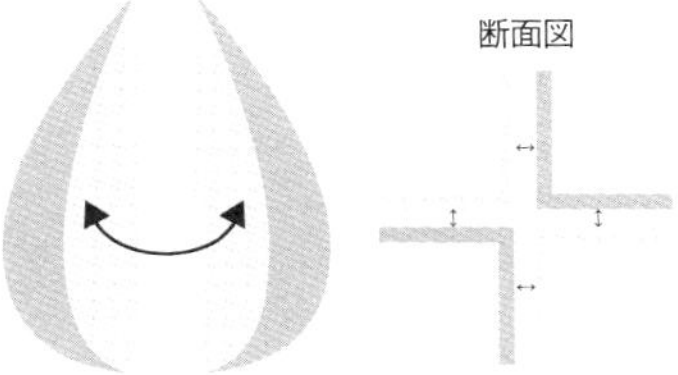

2 それぞれのモチーフの裏側をのりで貼りあわせていき、立体的に仕上げる。

3 しっかり貼りあわせてのりを乾かせば完成。

秋の訪れとハリネズミ

各モチーフを作ったら、下記の配置図を参照して作品を組み合わせてみましょう。連結の方法は、立体モチーフの場合、モチーフを貼りあわせる時にテグスや糸を中心に挟み込んで貼りあわせてつなぎます。平面モチーフの場合、モチーフの上下端にそれぞれ針やキリで小さな穴をあけて糸を通して結びます。

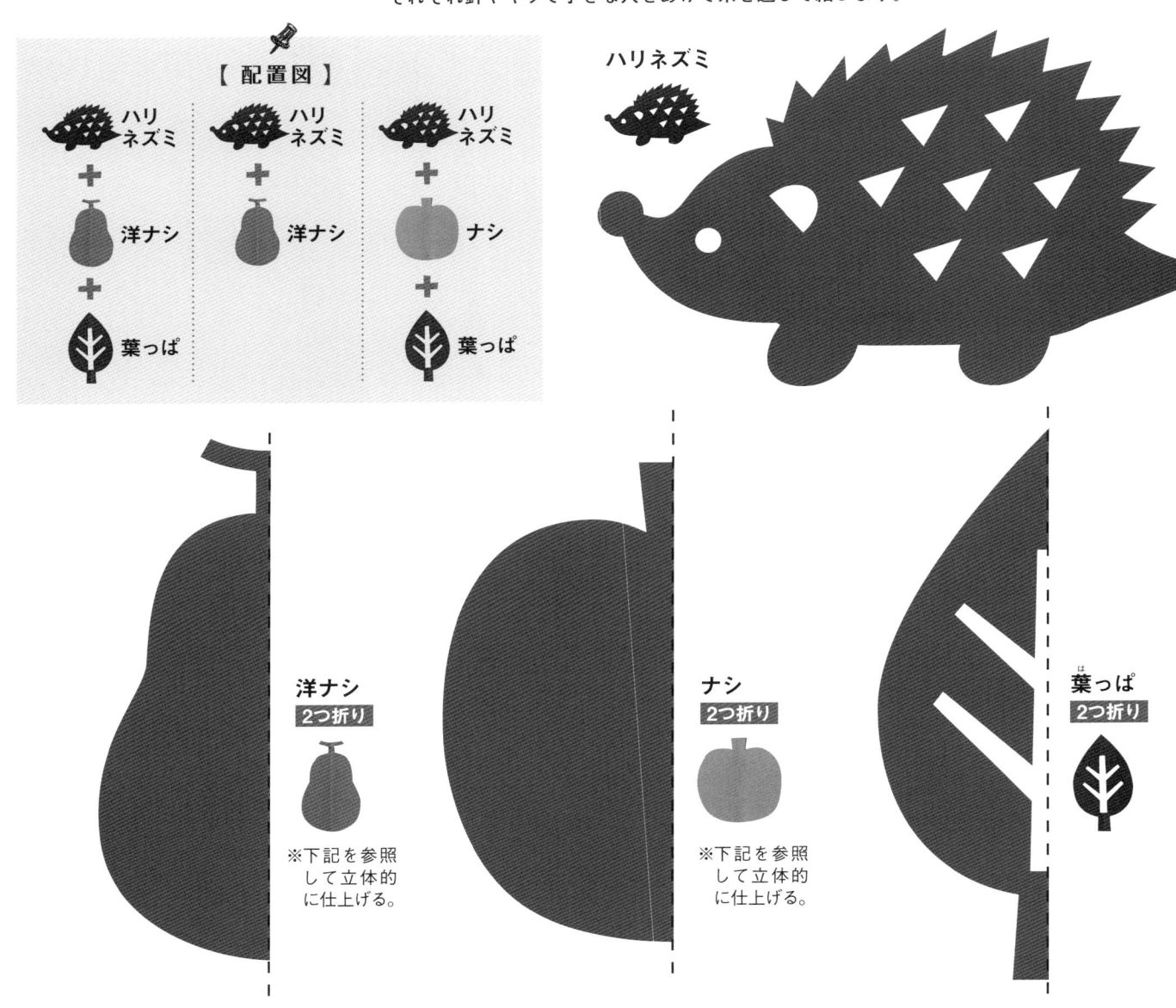

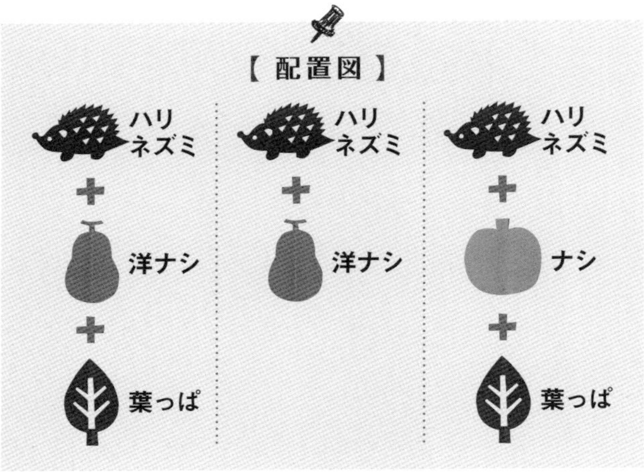

ハリネズミ

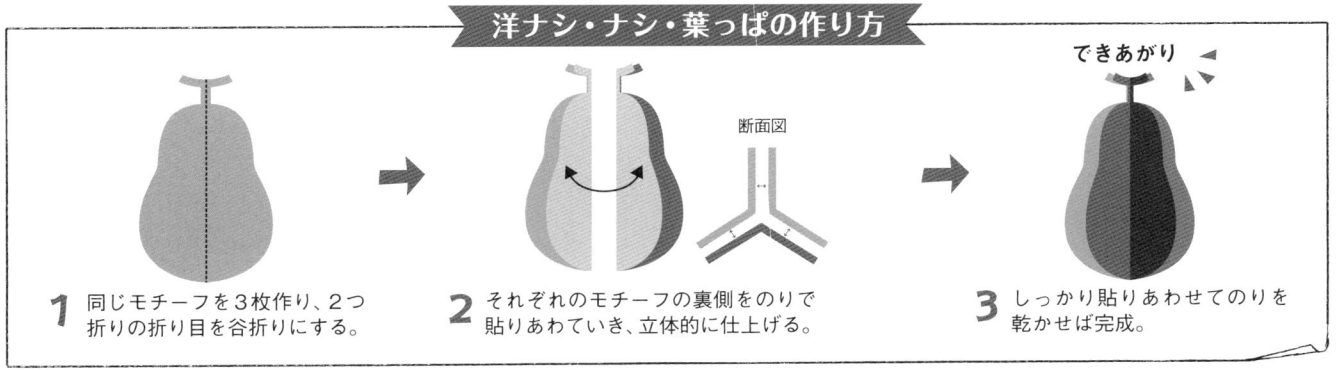

洋ナシ

2つ折り

※下記を参照して立体的に仕上げる。

ナシ

2つ折り

※下記を参照して立体的に仕上げる。

葉《は》っぱ

2つ折り

洋ナシ・ナシ・葉っぱの作り方

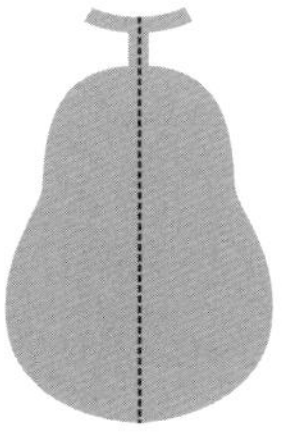

1 同じモチーフを3枚作り、2つ折りの折り目を谷折りにする。

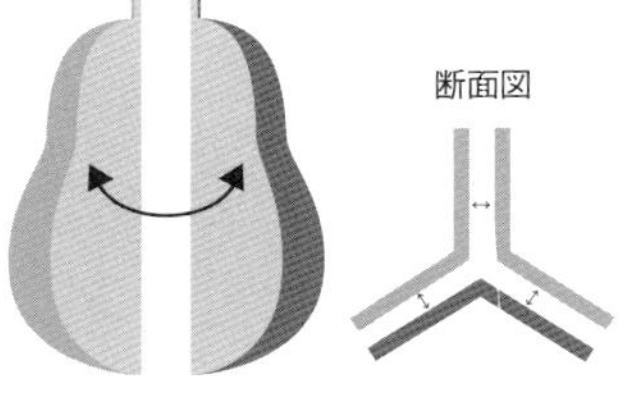

2 それぞれのモチーフの裏側をのりで貼りあわていき、立体的に仕上げる。

できあがり

3 しっかり貼りあわせてのりを乾かせば完成。

ローズウィンドウ風

22ページで紹介した図案、花柄レースを重ねて枠で貼りあわせます。（花柄レースC・Dは、花柄レースA・Bとサイズを揃えるために140%拡大してください）。お好きな順番で重ねて、色々な文様をお楽しみください。

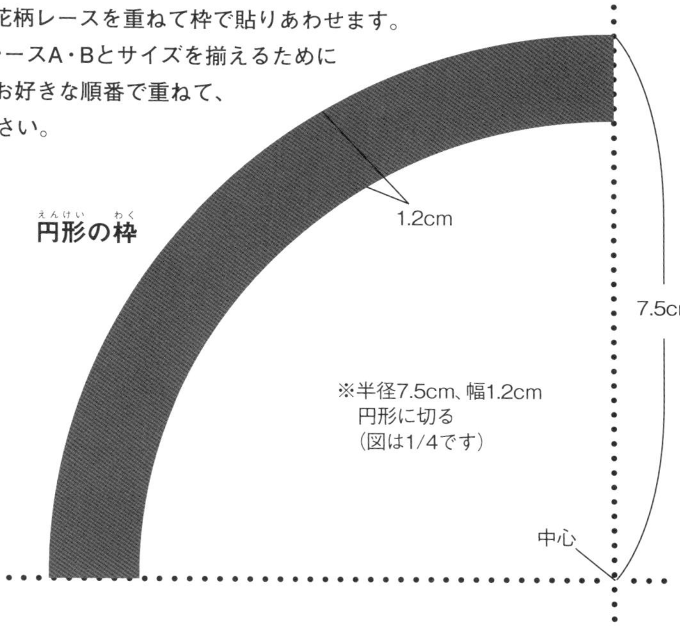

ローズウィンドウ風の作り方

円形の枠を２枚用意。間に花柄レースのモチーフを2〜4枚重ね入れ、しっかりとのりで貼り合わせて完成。花柄モチーフは光を通すよう、薄い色紙で枠はしっかりするような厚めの紙で作るのがおすすめ。

happy new year!

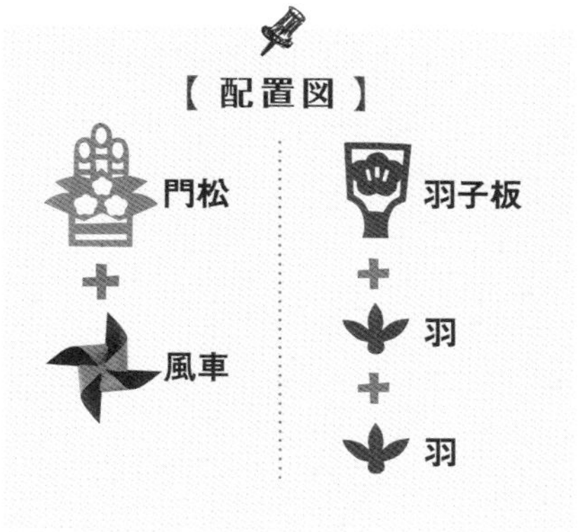

※各モチーフの連結する方法は65ページ参照。

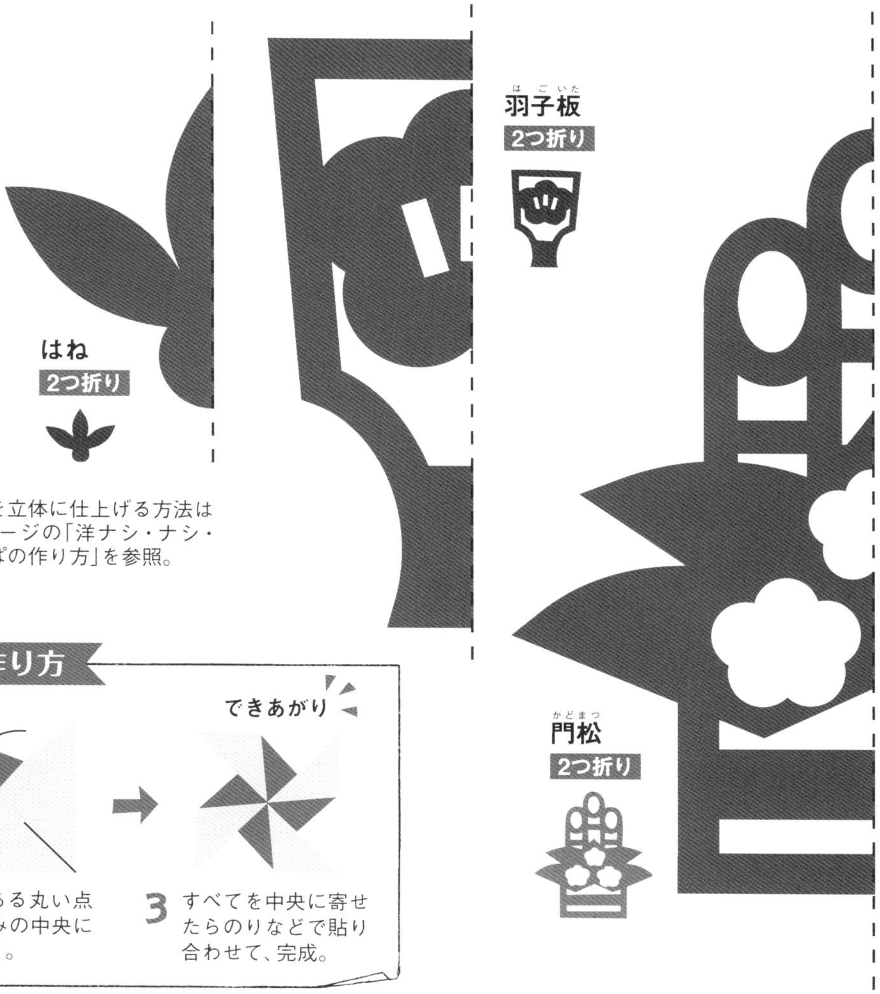

※はねを立体に仕上げる方法は66ページの「洋ナシ・ナシ・葉っぱの作り方」を参照。

風車の作り方

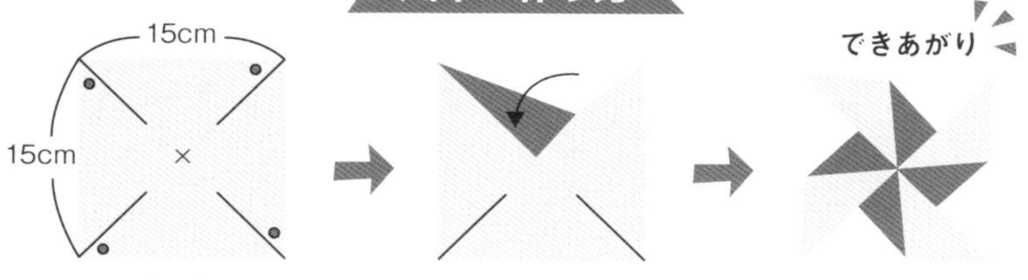

1 ４つの角に切り込みを入れる。

2 ４つ角にある丸い点をおりがみの中央に寄せていく。

3 すべてを中央に寄せたらのりなどで貼り合わせて、完成。

干支　P42～43

※開いたとき左右に付いた尾は、片方をはさみで切って仕上げます。

ね(ねずみ)

2つ折り

うし

2つ折り

とら

2つ折り

う(うさぎ)

2つ折り

たつ(りゅう)

2つ折り

み(へび)

2つ折り

うま

2つ折り

ひつじ

2つ折り

さる

2つ折り

とり

2つ折り

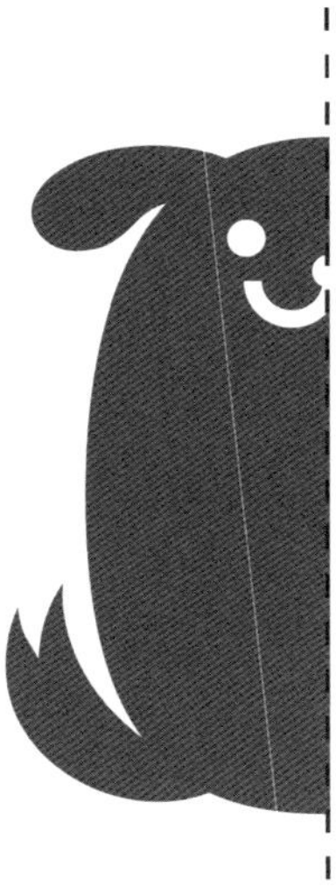

いぬ

2つ折り

い(いのしし)

2つ折り

※図案の内側に切り抜きがある場合は、その部分を最初に切りはじめるときれいに仕上がります。

絵馬《えま》

2つ折り

水引《みずひき》

2つ折り

ねずみ

うし

とら

うさぎ

りゅう

へび

うま

ひつじ

さる

とり

いぬ

いのしし

星空モチーフ P44~45

おひつじ座《ざ》
2つ折り

おうし座《ざ》
2つ折り

ふたご座《ざ》
2つ折り

かに座《ざ》
2つ折り

しし座《ざ》
2つ折り

おとめ座《ざ》
2つ折り

※図案の内側に切り抜きがある場合は、その部分を最初に切りはじめるときれいに仕上がります。

てんびん座《ざ》

2つ折り

さそり座《ざ》

2つ折り

いて座《ざ》

2つ折り

やぎ座《ざ》

2つ折り

みずがめ座《ざ》

2つ折り

うお座《ざ》

2つ折り

PROFILE

たけうち　ちひろ
イラストレーター・切り絵作家

武蔵野美術大学短期大学部卒業。地域新聞社にて編集・デザインを担当。退社後、こども造形絵画教室を大阪・京都中心に現在8か所開講。その他、企業や幼稚園、小学校、障害者福祉事業所等の工作指導・ワークショップ企画・工作本の監修など、幅広く手がけている。「かんたんたのしいはじめての切り紙」「牛乳パックで作る　おしゃれな箱とかわいい小物」「かんたんたのしい小学生のエコ工作」（全て小社刊）などで作品を発表。
こども造形絵画教室おえかきひろば・Kids Art Project（NPO）代表

Web絵本ぽこぽこ　http://web-ehon.jp/
こども造形絵画教室おえかきひろば
http://oekaki-hiroba.com/

いしかわまりこ
クラフトデザイナー

専門学校トーイデザイン科卒業後、おもちゃメーカーでの企画デザインを経て独立し、主に子どもや女性向けの作品を雑誌や映像で発表している、NHKのつくってあそぼ、ノージーのひらめき工房の造形スタッフ、すくすく子育ての講師を担当。著書に「かんたん！ つかえる！ かわいい おりがみ」（ポプラ社）、「かわいく伝える！ ふせん切り紙」（PHP研究所）など多数。
親子向けや子ども、先生のためのワークショップも活動中。

ブログ「☆まりこのブログ」
http://air.ap.teacup.com/rasujojo/?

川崎由季恵
コラージュ作家・イラストレーター

武蔵野美術大学卒業。テキスタイルメーカーの企画・デザイナーを経て、渡英後フリーイラストレーターに。JACA日本ビジュアルアート展入選。雑誌、書籍の装画、企業カレンダー、広告、CDジャケットなどのコラージュ（ペーパークラフト）イラストを数多く手がけている。装画に、『中国の旅、食もまた楽し』（新潮社）など。ユニセフカード（日本ユニセフ協会）＋ミクシィにて、毎年新作を発表している。海外での経験を生かしテキスタイルデザイン、フラワーアレンジメント、インテリアコーディネート、雑貨デザインなど様々な分野でも活躍している。

Yukie Kawasaki's Website
http://yukiekawasaki.com

STAFF
デザイン…大石妙子（ビーワークス）
撮影…森谷則秋
トレース…たけうちちひろ
編集…鈴木さわこ　宇並江里子

一年中楽しめる
はじめての切り紙

発行日／2013年７月３日　第１刷
　　　　2019年11月27日　第12刷
発行人／瀬戸信昭
編集人／森岡圭介
発行所／株式会社　日本ヴォーグ社
　　　　〒164-8705　東京都中野区弥生町5-6-11
　　　　TEL　03-3383-0635（編集）　03-3383-0628（販売）
振替／00170-4-9877
出版受注センター　TEL　03-3383-0650　FAX　03-3383-0680
印刷所／大日本印刷株式会社
Printed in Japan ©N.Seto2013
NV70188　ISBN978-4-529-05206-1 C5077

「あなたに感謝しております」　*We are grateful.*

手づくりの大好きなあなたが、この本をお選びくださいましてありがとうございます。
内容はいかがでしたでしょうか？
本書が少しでもお役に立てば、こんなにうれしいことはありません。
日本ヴォーグ社では、手づくりを愛する方とのおつき合いを大にし、
ご要望におこたえする商品、サービスの実現を常に目標としています。
小社及び出版物について、何かお気付きの点やご意見がございましたら、
何なりとお申し出ください。
そういうあなたに、私共は常に感謝しております。

株式会社日本ヴォーグ社社長　瀬戸信昭　FAX 03-3383-0602